Donald G. Krause

Die Kunst des Krieges für Führungskräfte

Für Susan Ruth Bradshaw, Rebecca Ann Krause und Elizabeth Lorraine Krause

Donald G. Krause

Die Kunst des Krieges für Führungskräfte

Sun Tzus alte Weisheiten – aufbereitet für die heutige Geschäftswelt

Aus dem Amerikanischen übersetzt von Wolfram Bayer

REDLINE WIRTSCHAFT
bei verlag moderne industrie

Die Deutsche Bibibliothek – CIP-Einheitsaufnahme

Krause, Donald G.:
Die Kunst des Krieges für Führungskräfte : Sun Tzus alte Weisheiten – aufbereitet für die heutige Geschäftswelt/ Donald G. Krause. Aus dem Amerikan. übers. von Wolfram Bayer. – München : Redline Wirtschaft bei Verl. Moderne Industrie, 2002.
Einheitssacht.: The art of war for executives <dt.>
ISBN 3-478-81271-2

www.redline-wirtschaft.de

Titel der amerikanischen Originalausgabe: The Art of War for Executives

Umschlaggestaltung: Felix Weinold, Schwabmünchen
Satz: FTL Kinateder, Kaufbeueren
Druck- und Bindearbeiten: Ebner, Ulm
Printed in Germany 81271/030201
ISBN 3-478-81271-2

Inhaltsverzeichnis

Danksagung

Mein besonderer Dank gilt Dr. Bob Shively von der Babcock Graduate School of Management an der Wake Forest University für seine jahrelange Unterstützung. Er hat an dieses Buch schon in seinen frühen und kritischen Entstehungsphasen geglaubt. Bob ist seit über zwanzig Jahren Mitglied des Lehrkörpers der Babcock School, an der er als Professor für Organisationsentwicklung und als Dekan tätig ist. Das hervorragende Ausbildungsprogramm dieser Schule und ihr landesweit ausgezeichneter Ruf sind zu einem wesentlichen Teil ihm zu verdanken.

Bedanken möchte ich mich ebenfalls bei Dr. Chang Miao, dem Direktor der West Suburban Chinese Language School in Villa Park, Illinois. Dr. Miao übersetzte den chinesischen Originaltext, der die Grundlage meiner Interpretation bildet. Darüber hinaus verdanke ich ihm einen Einblick in die Kultur und das Wesen Chinas, wie ihn nur jemand vermitteln kann, der in China geboren und aufgewachsen ist.

Einführung

Sun Tzu lebte vor 2500 Jahren im nordöstlichen China, also etwa zur selben Zeit wie der berühmte chinesische Philosoph Konfuzius. Aufgrund seiner zahlreichen Siege auf dem Schlachtfeld galt Sun Tzu – wie schon sein Vater eine Generation vor ihm – als Experte für militärische Strategie. Es ist nach wie vor ungeklärt, ob Sun Tzu seine *Dreizehn Gebote der Kriegskunst* selbst verfasst hat; sicher ist nur, dass der bedeutende chinesische Kriegsherr Ts'ao Ts'ao etwa hundert Jahre nach seinem Tod einen Text über militärische Strategie ausführlich kommentierte, der aus einer Kompilation der Lehren Sun Tzus bestand. Der überwältigende Erfolg von Ts'ao Ts'ao, der Sun Tzus Methoden auf dem Schlachtfeld anwandte und dem es schließlich gelang, ganz China in einer Hand zu vereinigen, weckte daraufhin großes Interesse an diesem Text. Im Laufe der Zeit haben zahlreiche Militärs und Staatsmänner ihre Erfolge auf Sun Tzus *Gebote* zurückgeführt. Der Bekannteste von ihnen in jüngerer Zeit ist Mao Tse-tung. Da sich die Lehren dieses Textes darüber hinaus auch mühelos auf viele Situationen des politischen Lebens und des Berufsalltags übertragen lassen, wird Sun Tzu heute auf der ganzen Welt, vor allem aber in Asien, von vielen Unternehmensführern gelesen.

Der Krieg ist eine der Grundkonstanten der menschlichen Geschichte. Aufgrund seiner überlebenswichtigen Bedeutung hat man sich mit ihm stets eingehend auseinander gesetzt. Die Faktoren, die eine erfolgreiche Kriegsführung ausmachen, sind hinlänglich bekannt. Grundsätzlich gilt, dass Erfolg, ganz gleich ob auf dem Schlachtfeld oder im Geschäftsleben, auf Führungskompetenz beruht. Andere Faktoren – wie etwa Information, Vorbereitung, Organisation, Kommunikation, Motivation und Ausführung – tragen zwar auch zum Erfolg bei, ihre Effizienz hängt jedoch gänzlich von der Qualität der Führung ab.

Sun Tzus Grundüberlegung besteht darin, dass Kriege bzw. Konkurrenzkämpfe von Personen oder Organisationen gewonnen werden, die erstens über den größeren Wettbewerbsvorteil verfügen und zweitens weniger Fehler machen. Ein Wettbewerbsvorteil kann auf mehreren Faktoren beruhen: auf größerem Kampfgeist, einer überlegenen Position, auf überlegener Umsetzung und größerer Innovationsbereitschaft. Über Wettbewerbsvorteile weiß man in der Geschäftswelt im Allgemeinen recht gut Bescheid. Sie sind jedoch keineswegs der alles entscheidende Erfolgsfaktor. Schlachten werden von Personen geschlagen und gewonnen. Und die wichtigste Person auf dem Schlachtfeld ist der Befehlshaber.

Sun Tzu zufolge hat der ideale Befehlshaber den Krieg schon gewonnen, bevor die Schlacht begonnen hat. Dies gelingt ihm deshalb, weil er zum einen lange an seinem Charakter gearbeitet und zum anderen für einen entscheidenden strategischen Vorteil gesorgt hat. In der chinesischen Philosophie beruht Führungskompetenz immer auf den

Charaktereigenschaften des Führenden. Personen mit überlegenen Charaktereigenschaften werden überlegene Führer. Der Charakter eines Befehlshabers entsteht freilich nicht über Nacht. Jemand, der in eine leitende Position aufrücken möchte, muss daher seine Führungsqualitäten über lange Zeit hinweg kultivieren. Ein Befehlshaber gewinnt dann einen entscheidenden strategischen Vorteil, wenn es ihm gelingt, seine Organisation so zu positionieren, dass sie unbesiegbar wird, und er abwarten kann, bis der Feind ihm eine Gelegenheit zum Sieg bietet. Dazu bedarf es eines sorgfältigen Umgangs mit Informationen. Ein idealer Befehlshaber macht keine Fehler. Ein idealer Befehlshaber hat Geduld. Ein idealer Befehlshaber ist verschwiegen.

Die natürliche Organisation: Sun Tzus Effizienzmodell

Das Heer Sun Tzus folgt dem Modell der so genannten „natürlichen Organisation“. Natürliche Organisationen haben drei wesentliche Eigenschaften: Erstens existieren sie in Hinblick auf einen vorgegebenen Zweck, d. h., sie existieren so lange, bis dieser Zweck erfüllt ist. Zweitens sind sie informationszentriert. Natürliche Organisationen sammeln und nutzen Daten als Entscheidungsgrundlage. Sie verlassen sich nicht auf ungesicherte Meinungen und Vermutungen, sondern begegnen Situationen der Ungewissheit, indem sie realistische Wahrscheinlichkeiten ermitteln. Und drittens sind natürliche Organisationen ungemein flexibel und äußerst anpassungsfähig. Sie reagieren rasch und effizient auf die Veränderungen in ihrer Umgebung, die ihre Fähigkeit beeinträchtigen, ihren vorgegebenen Zweck zu erfüllen.

Ein anschauliches und allgemein bekanntes Beispiel für eine natürliche Organisation ist die Ameisengesellschaft. Ameisengesellschaften existieren seit Hunderten Millionen Jahren in nahezu unveränderter Form: eine beispiellose Erfolgsstory. Eine Ameisengesellschaft existiert ausschließlich für den Zweck, ihren Mitgliedern Nahrung und Unterschlupf zu bieten. Sobald dies gelungen ist, verzichtet sie auf weitere Expansion etwa durch Eroberung eines nahe gelegenen Bienenstockes (bzw. Einführung einer neuen Produktlinie).

Die Ameisengesellschaft ist in hohem Maß informationszentriert. Die Mitglieder der Organisation suchen ständig nach Informationen über Nahrungsquellen für die Kolonie. Nützliche Informationen werden rasch und effizient an andere Mitglieder der Organisation weitergeleitet.

Die Ameisengesellschaft ist ungemein flexibel. Aufgrund ihres ständigen Bedarfs an Nahrung und Unterschlupf wird die Kolonie rasch umsiedeln oder sich anderer Methoden bedienen, um jede gute Chance sofort nach ihrer Entdeckung durch eines ihrer Mitglieder nützen zu können.

Der Ameisenstaat ist allerdings auch häufig als Inbegriff einer extremen Reglementierung betrachtet worden. Unmittelbare Vergleiche mit menschlichen Organisationen sind daher nicht auf allen Ebenen zulässig. Dennoch können wir von der Ameisengesellschaft viel lernen, vorausgesetzt, wir verwenden sie lediglich als ein anschauliches Beispiel. Und da der Mensch genetisch nicht so eng programmiert zu sein scheint wie die Ameisen, wird es unserer Spezies vielleicht gelingen, deren positive Eigenschaften noch zu übertreffen und die negativen zu vermeiden.

Sun Tzu stellt zu Beginn der Kapitel 7 und 8 fest, dass ein militärischer Befehlshaber vom Herrscher des Landes den Auftrag bekommen haben muss, ein Heer aufzustellen und in den Krieg zu ziehen. Die Heere Sun Tzus dienten also einem jeweils genau definierten Zweck. Sie wurden aufgestellt, um eine ganz bestimmte, spezifische Bedrohung abzuwehren oder eine sich bietende Gelegenheit wahrzunehmen. Nachdem sie ihre Aufgabe erfüllt hatten, wurden sie vermutlich wieder aufgelöst. In dieser Hinsicht ähneln sie den Projektgruppen des modernen Geschäftslebens, die ebenfalls nur für einen bestimmten Zeitraum bestehen. Sie haben ebenfalls dafür zu sorgen, dass die zur Erreichung der vorgegebenen Ziele nötigen Ressourcen zur Verfügung stehen. Nachdem dies geschehen ist und die vorgegebenen Ziele erreicht wurden, wird die Gruppe wieder aufgelöst. Das Konzept dieser temporären Projektgruppen hat sich als so erfolgreich erwiesen, dass es von modernen Management-Theoretikern als das Organisationsmodell der Zukunft bezeichnet werden konnte.

Die Heere Sun Tzus sind darüber hinaus auch informationszentriert. Sun Tzu betont, dass sich der überragende Feldherr in Situationen, in denen andere scheitern, deshalb bewährt, weil er die notwendigen Informationen früher erhält und rascher verwertet. Die wichtigsten Aktivitäten einer informationszentrierten Organisation sind das Sammeln, Bearbeiten, Verwerten und Weitergeben von Informationen. Die Führer informationszentrierter Organisationen wissen, dass alle Funktionsbereiche ihrer Organisation in hohem Maß informationsabhängig sind. Daher kann es ihnen auch gelingen, ihre Effizienz zu steigern, wenn sie die Qualität der eingeholten Informationen verbessern und die Geschwindigkeit ihrer Verarbeitung durch die Mitarbeiter der Organisation erhöhen. Ähnlich wie die jüngsten Entwicklungen auf dem Gebiet der Computerchips stellen informationszentrierte Organisationen ihren Mitarbeitern eine größere Zahl von Kommunikationskanälen bereit, die eine raschere Zirkulation der Information ermöglichen. Sie reduzieren den internen Informationsfluss (z. B. interne Memos, überflüssige Berichte) auf das Notwendigste und senken so auch die Gemeinkosten. Sie verbessern die Reaktionsfähigkeit des Systems, indem sie mehr und bessere Informationen beschaffen, indem sie die Mitglieder der Organisation für eine bessere Informationsverwertung ausbilden, indem sie sicherstellen, dass die Mitglieder der Organisation jederzeit Zugang zu den benötigten Daten haben und gut begründete, d. h. auf Information beruhende Entscheidungen auch selbst treffen und umsetzen können, und indem sie schließlich die Informationen in sinnvoller Weise an die Mitglieder der Organisation und Außenstehende weitergeben. Informationszentriertheit ist einer der wesentlichen Grundsätze moderner Organisationstheorien, insbesondere der Theorien im Umkreis des *Total Quality Managements* (TQM).

In Kapitel 1 fordert Sun Tzu uns auf, zuerst die Rahmenbedingungen einer bestimmten Situation gründlich zu bedenken und dann erst zu handeln. Er gibt uns den Rat, die kritischen Faktoren der Konkurrenzsituation einzuschätzen, damit wir vorhersagen können, wer die größeren Erfolgschancen hat. Obwohl die modernen wissenschaftlichen Methoden von der Wahrscheinlichkeitsrechnung und Statistik zu Sun Tzus Zeiten noch nicht existierten, wusste er über die Ermittlung relativer Ergebniswahrscheinlichkeiten bestimmter Handlungsalternativen ausgezeichnet Bescheid. Die Einschätzung von Wahrscheinlichkeiten und die Reduzierung des Einflusses unbekannter Faktoren sind grundlegende Aspekte von Sun Tzus Denken und liegen auch den von W. Edwards Deming, Shigeo Shingo und anderen Autoren vertretenen Methoden der Effizienzsteigerung zugrunde.

Eine der wichtigsten Facetten der orientalischen Philosophie ist der Gedanke eines Universums, das in ständigem Wandel begriffen ist. Um überleben zu können, müssen die Menschen auf diese Veränderungen reagieren und flexibel und anpassungsfähig sein. Sie strukturieren sich gemäß den von ihren Zielen und ihrer Umwelt vorgegebenen Erfordernissen. Wie Wasser umfließen sie Hindernisse und Gefahren und suchen sich stets den effizientesten Weg. Wie Wasser sind sie im Grunde formlos. Sie reagieren rasch und passen sich mühelos an veränderte Rahmenbedingungen an. Wenn Ihnen diese Beschreibung bekannt vorkommt, dann deshalb, weil permanente Veränderung und permanente

Verbesserung zentrale Begriffe der japanischen Management-Revolution sind.

Sun Tzus Modell effizient arbeitender Organisationen könnte aus einer heutigen Management-Zeitschrift stammen. Seine „natürliche Organisation“ dient einem vorab festgelegten Zweck, ist informationszentriert und flexibel. Diese drei Charakteristika zählen zu den grundlegenden Eigenschaften der erfolgreichsten Organisationen auch der heutigen Zeit.

Sun Tzus Schlüssel zum Erfolg

Die meisten Menschen und Organisationen wissen, dass die heutigen Schlachtfelder auf keiner Landkarte zu finden sind. In unseren Tagen werden die Schlachten in den Köpfen Einzelner bzw. jener geschlagen, die zum – im weitesten Sinn – Kundenkreis einer Organisation gehören. Zu diesem Kundenkreis zählen außer den eigentlichen Kunden auch Angestellte, Aktionäre, Politiker, Journalisten, Lieferanten, also im Grunde alle, die mit der Organisation zu tun haben. Zusätzlich zu den Kunden der Organisationen, die eine bestimmte Person beschäftigen oder von ihr eine Leistung beziehen, können in diesem Sinn auch Teilhaber, Vorgesetzte, Käufer, Berater, Familienmitglieder und Freunde als persönliche „Kunden“ bezeichnet werden. Die Siege oder Niederlagen auf diesem Schlachtfeld hängen davon ab, ob die betreffenden Organisationen und Personen in der Lage sind, die Wahrnehmungen und Meinungen der Kunden auf sinnvolle Weise zu beeinflussen.

Die heutigen Schlachten sind Informationsschlachten, da Wahrnehmungen und Meinungen in hohem Maß informationsabhängig sind. Gewinnen wird derjenige, der fähig ist, die Waffe Information sowohl im Angriff als auch in der Verteidigung wirkungsvoll einzusetzen. Wer dazu nicht in der Lage ist, wird besiegt werden. Die von Sun Tzu vor über zwei Jahrtausenden aufgestellten Regeln der Führung einer herkömmlichen Schlacht lassen sich ebenso gut auch auf die heutigen Informationsschlachten anwenden.

Die Essenz der Lehren Sun Tzus lässt sich in folgenden zehn Grundsätzen zusammenfassen:

Die zehn Grundsätze Sun Zzus

1. Stell dich dem Kampf!
2. Führe andere in den Kampf!
3. Handle umsichtig!
4. Halte dich an die Tatsachen!
5. Sei auf das Schlimmste vorbereitet!
6. Handle rasch und unkompliziert!
7. Brich die Brücken hinter dir ab!
8. Sei innovativ!
9. Sei kooperativ!
10. Lass dir nicht in die Karten sehen!

Der Erfolg im Konkurrenzkampf beruht auf diesen zehn Grundsätzen. Sie sollten sie sich stets vor Augen halten! (Im Anhang wird auf diese Grundsätze nochmals und ausführlicher eingegangen.)

Zum Aufbau dieses Buches

Der Originaltext von Sun Tzus *Die dreizehn Gebote der Kriegskunst* setzt sich aus dreizehn Kapiteln zusammen, eine Gliederung, die hier beibehalten wird. Das Original liest sich wie eine lockere Abfolge von Notizen, die in Anschluss an Diskussionen gemacht wurden. Obwohl jedes Kapitel einen jeweils anderen Aspekt der Kriegsführung behandelt, sind ihre Inhalte eng miteinander verknüpft. Das Buch enthält keine gleitenden Übergänge von einem Thema zum nächsten, sondern geht eigentlich recht sprunghaft vor. Nur die Kapitel 12 und 13 („Das Feuer als Angriffswaffe" und „Der Einsatz von Spionen") sind ausschließlich einem Thema gewidmet.

Dieses Buch enthält eigentlich zwei Interpretationen von Sun Tzus Werk. Die erste und wichtigere Interpretation soll dem heutigen, an Management-Theorien interessierten Leser dabei helfen, die Theorie auf alltägliche Situationen des Geschäftslebens anzuwenden. Die dieser Interpretation zugrunde liegende Philosophie stammt aus drei Quellen: aus dem Werk Sun Tzus und den zahlreichen Kommentaren dazu, aus Überlegungen heutiger Management-Theoretiker (Tom Peters, Peter Drucker, Warren Bennis und vieler anderen) sowie aus den Schriften militärischer Strategen (Helmuth von Moltke, George S. Patton und J. F. C. Fuller) über die Grundsätze einer erfolgreichen Kriegsführung. Um den Umgang mit ihnen zu erleichtern und Diskussionen zu vereinfachen, wurden die einzelnen Abschnitte dieser Interpretation durchnummeriert.

Die andere Interpretation ist in den regelmäßig eingestreuten Zwischentexten enthalten, die leicht an ihrem Layout zu erkennen sind.

Diese Zwischentexte sollen dem Leser eine Vorstellung von Sun Tzus Originaltext* vermitteln, der zahlreiche unklare Stellen und chinesische Dialektausdrücke enthält. Sie beschränken sich auf die wichtigsten Passagen jedes Kapitels. Gemeinsam bieten diese beiden Interpretationen dem Leser sowohl die Substanz als auch die Atmosphäre des Originalwerks, dessen Lehren damit unschwer auf den heutigen Geschäftsalltag angewandt werden können.

---

* Die deutsche Fassung der Originaltexte orientiert sich in einigen Passagen an der Übersetzung von H. D. Becker, in Sun Tze: Die dreizehn Gebote der Kriegskunst. Mit einer Einleitung von Günter Maschke. Daedalus 11, Wien 1987 (A. d. Ü.)

Die Beurteilung der Lage

兵法

Sun Tzu sagt:
Der Krieg ist das Wichtigste für das Überleben der Nation. Er ist der Weg zum Weiterbestehen oder zum Untergang. Er kann nicht gründlich genug studiert werden.

Daher beurteilen wir die Lage gemäß den fünf Grundsätzen und entwickeln unsere Strategien. Dann erst legen wir die weitere Vorgangsweise fest. Der Erste der fünf Grundsätze ist *Tao* (der Weg), der Zweite *Tien* (der Himmel), der Dritte *Di* (die Erde), der Vierte *Dschian* (der Heerführer) und der Fünfte *Far* (das Gesetz).

Siegreiche Heerführer beurteilen im Tempel die Lage, bevor sie in den Krieg ziehen. Sie berücksichtigen alles in ihren Überlegungen. Die Besiegten beurteilen die Lage ebenfalls, bevor sie in den Krieg ziehen, berücksichtigen in ihren Überlegungen aber nicht alles. Eine vollständige Lagebeurteilung führt zum Sieg. Eine unvollständige Lagebeurteilung führt zur Niederlage. Hält man sich dies vor Augen, ist schon im Vorhinein gewiss, wer den Krieg gewinnen wird.

I 兵

Planung

I-1

Konkurrenz ist für den Manager von entscheidender Bedeutung. Die Konkurrenzsituation bestimmt, wer die Offensive ergreifen kann und wer den Rückzug antreten muss, wer Erfolg hat und wer scheitert, wer Gewinne und wer Verluste macht, wer sich behauptet und wer zugrunde geht. Im Geschäftsleben ist das eigentliche Schlachtfeld das Bewusstsein Ihrer Kunden. Jeder Manager hat Kunden, denen er dienen muss: die, denen Sie unmittelbar dienen, wie etwa Ihren Vorgesetzten und persönlichen Kunden, und die, denen Sie indirekt durch die Produkte und Dienstleistungen Ihrer Organisation dienen. Die kumulative Effizienz Ihres Verhaltens im Konkurrenzkampf vergrößert oder verringert Ihre Macht und Ihren Einfluss. Es ist daher von größter Bedeutung, dass Sie mit anderen erst dann in Konkurrenz treten, wenn Sie sicher sind, die betreffenden Aktionen sorgfältig geplant zu haben und auch reibungslos durchführen zu können.

I-2

Überdenken Sie Ihre Pläne für den Konkurrenzkampf anhand fünf grundlegender Faktoren. Schätzen Sie Ihre Situation ein und vergleichen Sie sie mit der Ihrer Konkurrenten, um die beste Vorgangsweise herauszufinden. Lassen Sie in Ihren Überlegungen nichts unberücksichtigt!

I-3

Die fünf Faktoren sind: Charakter, Klima, Struktur, Führungskompetenz und Information.

I-4

Mit „Charakter" sind die grundlegenden Eigenschaften – das Wesen – einer Person oder Organisation gemeint. Dieser Charakter beeinflusst die Meinung Ihrer Kunden über Sie und Ihre Produkte; er bestimmt, ob die Kunden der Meinung sind, mit Ihren Absichten und Zielen übereinzustimmen. Können sich Ihre Kunden mit Ihren Absichten identifizieren, werden sie auch Ihren Vorschlägen folgen. Sie werden Ihre Produkte kaufen. Sie werden Sie bei der Verfolgung Ihrer Ziele unterstützen.

I-5

„Klima" bezieht sich auf den Einfluss des allgemeinen wirtschaftlichen Umfelds und der politischen Kultur auf die Konkurrenzsituation. Wenn Sie mit einer anderen Organisation in Konkurrenz treten wollen, sollten Sie beachten, dass Ihre Maßnahmen eines geeigneten Umfelds bedürfen, um erfolgreich zu sein.

I-6

Mit „Struktur“ ist Ihre Arbeitsweise und Organisationsform gemeint. Sie ist von Ihrer Personalführung zu unterscheiden. Die Beurteilung einer Struktur hängt davon ab, wie Sie und Ihre Organisation finanziert werden, wie gut Sie und Ihre Angestellten ausgebildet sind, wieweit Sie Ihre eigenen Fähigkeiten verbessern können und wieweit Ihre Organisation ihre Produkte und Dienstleistungen verbessern kann, wie gut Sie und Ihre Organisation technologische und menschliche Ressourcen zu nutzen wissen, wie flexibel oder unflexibel, wie zielführend oder wenig zielführend, wie effektiv oder ineffektiv Ihre Geschäftspolitik und Ihre Vorgangsweise sind. Die Struktur bestimmt die grundlegenden Fähigkeiten einer Person oder Organisation.

Zur Struktur gehören aber auch Dinge wie Mode, Stand der Technologie, Arbeitsmarkt und Rohstoffe, Zugangsbeschränkungen, Schlüsselpositionen im Betrieb, Kapitalstruktur und andere Faktoren, die sich auf Ihre Leistungsfähigkeit am Markt auswirken. Das Zusammenspiel all dieser Faktoren bestimmt, wie leicht oder wie schwer es Ihnen fallen wird, einen Markt zu erobern und zu beherrschen.

I-7

Führungskompetenz kommt von innen; sie ist das Resultat bestimmter Einstellungen und Fähigkeiten von Einzelpersonen. Organisatorische Führungskompetenz ist die Summe der Einstellungen und

Fähigkeiten der leitenden Angestellten. Führungskompetenz lässt sich anhand von sieben Faktoren beurteilen: Selbstachtung, Zielorientiertheit, Leistungsbereitschaft, Verantwortungsbewusstsein, Wissen, Kooperationsbereitschaft und die Fähigkeit, anderen ein positives Beispiel zu geben.

I-8

„Information" bedeutet das zeitgerechte Einholen zuverlässiger Fakten über die tatsächlichen Umstände und Rahmenbedingungen der Konkurrenzsituation. Im Wettbewerb ist nichts wichtiger als das Einholen von Fakten! Darüber hinaus bedeutet Information auch das Vermitteln bestimmter Meinungen. Meinungen sind Fakten und Fiktionen, die Ihre Mitbewerber und Kunden dorthin bringen, wo Sie sie haben wollen.

I-9

Jeder Manager hat von diesen fünf Faktoren bereits gehört. Wer sie zu meistern versteht, wird siegen; wer nicht, wird scheitern.

I-10

Wenn Sie sich eine Wettbewerbsstrategie zurechtlegen, schätzen Sie zuerst sorgfältig die Situation und die Erfolgschancen Ihrer Pläne ein und sammeln Sie Informationen, indem Sie sich die folgenden Fragen stellen.

I-11

Welcher Manager kann bei seinen Angestellten und Teilhabern Begeisterung und Kooperationsbereitschaft wecken? Welche Organisation kann bei ihren Kunden, Managern, Angestellten, Lieferanten und bei Außenstehenden Begeisterung und Kooperationsbereitschaft wecken? Welchen Managern kommt das aktuelle politische Klima am meisten zugute? Welcher Firma kommen die aktuelle Wirtschaftspolitik und das herrschende ökonomische Umfeld am meisten zugute? Wessen Strategie vermag die Marktfaktoren nachhaltiger zu beeinflussen? Wessen Angestellte sind besser organisiert? Wo wird Innovationsbereitschaft wirklich gefördert?

I-12

Welcher Manager ist besser ausgebildet? Welche Organisation hat die besser ausgebildeten Manager, Angestellten, Kunden und Lieferanten?

I-13

Welcher Manager bemüht sich wirklich um seine Mitarbeiter? Welche Organisation belohnt Verdienste und fördert wirklich die persönliche Entwicklung ihrer Angestellten?

I-14

Mit Hilfe der Antworten auf diese Fragen kann jedermann beurteilen, welcher Plan die größten Erfolgschancen hat.

I-15

Der Manager, der diese Ratschläge befolgt, wird bestimmt erfolgreich sein. Ihm soll eine leitende Funktion anvertraut werden. Der Manager, der diese Ratschläge nicht befolgt, wird scheitern. Er sollte entlassen werden.

I-16

Nach diesen vorausgehenden Überlegungen muss der Manager seine Konkurrenzmaßnahmen so planen, dass sie ihm die Möglichkeit bieten, seine besonderen Stärken innerhalb der Organisation wie auch die Stärken seiner Organisation am Markt auszuspielen und zur Geltung zu bringen. Unter Konkurrenzmaßnahmen verstehe ich Maßnahmen, durch die eine Person oder Organisation mit einer anderen Person oder Organisation in Konflikt gerät. Wenn Sie Ihre Stärken ausspielen können, haben Sie einen Wettbewerbsvorteil gewonnen.

I-17

Einen Wettbewerbsvorteil können Sie aber nur gewinnen, wenn Sie Ihre Pläne auch optimal ausführen. Eine mangelhafte Ausführung macht selbst überlegene Pläne zunichte. Eine überlegene Ausführung rettet selbst mittelmäßige Pläne. Sie erlaubt außerdem eine effizientere Nutzung von Innovationen und Informationen. Überraschen Sie Ihre Mitbewerber mit Ihrer Anpassungsfähigkeit und Bereitschaft, auf Veränderungen zu reagieren.

I-18

Suchen Sie daher ständig nach neuen Denkweisen und Methoden! Halten Sie nach neuen Marktsegmenten und weiteren Kunden Ausschau! Selbst wenn Sie über ein bereits erfolgreiches Produkt verfügen, suchen Sie nach neuen Nutzanwendungen bei alten Kunden und nach neuen Kunden in Bereichen, die Sie bisher noch nicht in Erwägung gezogen haben.

I-19

Halten Sie denen, die über Ihre Zukunft bestimmen, stets Ihren guten Namen und ausgezeichneten Ruf vor Augen! Sorgen Sie dafür, dass sich Ihre Kunden stets des Wertes und der Qualität Ihrer Produkte bewusst sind! Räumen Sie den Bedürfnissen Ihrer Kunden Priorität in Ihren Überlegungen ein!

I-20

Gewinnen Sie neue Kunden, indem Sie ihnen, sofern sie Ihr Produkt verwenden, einen besseren Service und steigenden Profit in Aussicht stellen! Beherrschen Sie den Markt mit Ihren überragenden Leistungen!

I-21

Nimmt Ihr Konkurrent aufgrund der Rahmenbedingungen der Situation eine Position der Stärke ein, entwickeln Sie innovative Produkte und Dienstleistungen. Halten Sie nach Anzeichen von Unzufriedenheit bei Ihren Kunden Ausschau! Reagieren Sie prompt, um ihren Bedürfnissen nachzukommen! Ist Ihr Konkurrent hingegen schwach, unterstreichen Sie die Vorteile Ihres Produktes. Suchen Sie nach neuen Möglichkeiten, Ihren Kunden von Nutzen zu sein!

I-22

Verwirren Sie Ihre Konkurrenten durch permanente Innovation und überlegenen Service! Innovation ist die einzige Waffe, gegen die es keine Gegenwehr gibt.

I-23

Seien Sie bescheiden, wenn Ihr Konkurrent arrogant auftritt! Finden Sie heraus, warum er gegenwärtig von Ihren Kunden vorgezogen wird! Seien Sie unkompliziert! Bitten Sie um Rat! Gut gestellte Fragen werden die Schwachstellen Ihres Konkurrenten ans Licht bringen.

I-24

Ermüden Sie Ihre Konkurrenten durch eine nicht nachlassende Aufmerksamkeit für die Bedürfnisse Ihrer Kunden!

I-25

Wenn Ihr Konkurrent nur eine einzige Möglichkeit kennt, einen bestimmten Bedarf zu decken, finden Sie zwei oder drei andere! Teilen Sie den Markt in kleinere und profitablere Segmente auf! Denken Sie nach, wie Sie denen Vorteile bringen können, denen Sie dienen!

I-26

Erkundigen Sie sich genau über die Käufer Ihrer Produkte! Holen Sie präzise Informationen ein! Kreieren Sie neue Produkte und Dienstleistungen, die bisher unentdeckte Kundenwünsche erfüllen! Handeln Sie rasch, bevor Ihr Konkurrent im Bilde ist.

I-27

Dies sind die Grundsätze des souveränen Managers. Wenden Sie sie in den entsprechenden Situationen an!

I-28

Der Manager, der in seinem Büro sorgfältig Pläne schmiedet, bevor er mit anderen in Wettbewerb tritt, weiß, wie er seine eigenen Stärken und die der Organisation am besten ausspielen kann. Bei sorgfältiger Planung kann man vorhersagen, welche Handlungsalternativen die größeren Erfolgschancen haben. Und mit souveräner Ausführung können diese größeren Erfolgschancen zu einem endgültigen Sieg führen.

Die Aufstellung des Heeres

兵法

Sun Tzu sagt:
Für die Aufstellung eines starken Heeres benötigt der Feldherr Tausende Kampfwagen, Zehntausende Trosswagen und Hunderttausende Soldaten. Der Proviant für die Truppen muss über mehrere tausend *li* befördert werden. All dies verursacht Ausgaben für die Offiziere und den Stab, für die Soldaten, Kampfwagen, für lederne Harnische, Speere, Schwerter und viele andere Dinge. Tausende *djin* (Stücke) Gold müssen täglich für die Aufstellung eines starken Heeres ausgegeben werden.

II 兵

Verhalten in Konkurrenzsituationen

II-1

Wollen Sie mit anderen in direkte Konkurrenz treten, bedürfen Sie sowohl personeller als auch organisatorischer Ressourcen. Die wichtigsten dieser Ressourcen sind Ihre Kreativität und das Engagement Ihrer Angestellten.

II-2

Je breiter das Spektrum Ihrer Aktivitäten ist, desto bedeutendere Ressourcen werden Sie einsetzen müssen. Die Ressourcen sollten mit Beginn Ihrer Aktivitäten verfügbar sein.

II-3

Das Ziel jedes direkten Konkurrenzkampfes ist ein rascher Sieg. Lässt der Sieg lange auf sich warten, verkümmert die Phantasie und der Enthusiasmus geht verloren. Wogt der Kampf über längere Zeit unentschieden hin und her, schwindet die Entschlossenheit der Kämpfer.

II-4

Dauert der Konkurrenzkampf allzu lange, werden die Ressourcen knapp werden.

II-5

Wenn Ihre Kreativität nachlässt, Ihr Engagement ermattet, Ihr Enthusiasmus verkümmert und Ihre finanziellen Reserven ausbluten, werden sich Ihre Mitbewerber Ihre Schwäche zunutze machen. Ist dies einmal der Fall, wird kein Manager, so klug er auch sein mag, den Niedergang seiner Karriere und den wirtschaftlichen Zusammenbruch seiner Organisation aufhalten können.

II-6

Obwohl vorschnell begonnene Konkurrenzkämpfe, wie wir wissen, problematisch sind, hat es nie erfolgreiche Konkurrenzmaßnahmen gegeben, bei denen Zeit verschwendet wurde. Eine erfolgreiche Konkurrenzmaßnahme darf nicht kompliziert sein. Wenn Sie gewinnen wollen, müssen Sie einfache Dinge richtig machen – und vor allem sofort!

II-7

Strategien, bei denen Zeit und Ressourcen verschwendet werden, funktionieren nie.

II-8

Manager, die nicht fähig sind, Chancen und Risiken abzuwägen, werden sich im heutigen Geschäftsleben nicht durchsetzen können. Die Schlüssel zum Erfolg sind Schnelligkeit und Innovation. Nur diejenigen werden neue Produkte und Dienstleistungen profitabel vermarkten können, die mit den Fallgruben und Ungewissheiten so genannter Schnellschüsse vertraut sind. Anhaltende Erfolge werden nur von denen erzielt, die imstande sind, aus unerwarteten Niederlagen zu lernen.

II-9

Der kluge Manager zögert nicht, die ihm zur Verfügung stehenden Ressourcen zum Einsatz zu bringen. Er nimmt unverzüglich den Konkurrenzkampf auf. Er bezieht wertvolle Informationen aus dem direkten Kontakt mit seinen Kunden. Er verschwendet keine Zeit mit Gesprächen mit Konzernmanagern, die mit der Konkurrenzsituation weniger gut vertraut sind als er selbst. Den Konkurrenten stets einen Schritt voraus zu sein ist ihm mehr wert als alles andere. Es ist sein größter Wunsch, diesen entscheidenden Schritt zu tun.

II-10

Der kluge Manager stellt aus den Angestellten seiner Firma das bestmögliche Team zusammen. Er lernt aus der Konkurrenzsituation wie er seine Vorgehensweise verbessern kann. Auf diese Weise wird er seinen Marktanteil ständig vergrößern.

Dank seiner überragenden Leistungen sind ihm Glück und Wohlstand sicher.

II-11

Wenn ein Manager im Konkurrenzkampf unterliegt, ist dies meist darauf zurückzuführen, dass er sich zu sehr auf firmeninternes Wissen oder auf Volksweisheiten verlassen hat. Volksweisheiten sind ein Konglomerat unüberprüfter Annahmen, die allgemein für wahr gehalten werden. Derartige Volksweisheiten kursieren in jeder Organisation. Informationen aus der Hand von Personen, die die Kunden nicht persönlich kennen, sind in Zeiten rascher Veränderungen nahezu wertlos. Ohne Berücksichtigung der Kunden getroffene Entscheidungen schaden dem Manager.

II-12

Rechtzeitige und präzise Information ist das A und O jedes erfolgreichen Konkurrenzkampfes. Informationen, die aus externen Quellen bezogen werden, sind teuer. Mit teuren Informationen werden die Ressourcen der Firma vergeudet.

II-13

Am teuersten sind Informationen dann, wenn sie überholt sind. Siebzig Prozent des Wertes von Informationen liegen in ihrer Aktualität. Ressourcen, die für das Sammeln gestriger Daten und Fakten verwendet werden, sind vergeudete Ressourcen. Die Bearbeitung gestriger Daten und Fakten bindet einen Großteil des zur Verfügung stehenden Geldes und Personals.

II-14

Der kluge Manager holt zeitgerecht bei seinen Kunden und Konkurrenten Informationen ein. Ein neues Produkt, das, ausgehend von Gesprächen mit einem wirklichen Kunden, entwickelt wurde, ist meist mehr wert als alle Gedankenblitze von Beratern oder der Konzernspitze.

II-15

Sie und alle Ihre Angestellten müssen von den Dienstleistungen und Produkten, die Sie anbieten, restlos überzeugt sein, um die Situation beherrschen zu können.

II-16

Um Ihre Angestellten bei der Stange zu halten, müssen Sie ihnen klar definierte und attraktive Belohnungen in Aussicht stellen. Gelingt es ihnen, die Kundenbasis zu vergrößern, sollte das gesamte Team belohnt werden. Es muss aber auch möglich sein, dass individuelle Verdienste konkrete Anerkennung finden.

II-17

Wenn einer Ihrer Mitarbeiter einem Kunden ausgezeichneten Service geboten hat, sollten Sie ihn dafür öffentlich belohnen. Halten Sie seine Arbeit den anderen als positives Beispiel vor Augen und setzen

Sie sichere und wertvolle Belohnungen für überragende Leistungen aus.

II-18

Behandeln Sie Ihre Angestellten gut; bilden Sie sie gründlich aus. Der Erfolg der Organisation ist das Resultat der individuellen Erfolge ihrer Mitglieder.

II-19

Auf diese Weise beherrschen Sie die Situation und schaffen zugleich Ressourcen, um die nächste gute Gelegenheit ergreifen zu können.

II-20

Das Wichtigste beim Konkurrenzkampf sind nicht langwierige Operationen, sondern rasche Ergebnisse. Der Manager, der weiß, wie er seine Mitarbeiter motivieren und einen Markt beherrschen kann, wird für seine Firma unentbehrlich werden.

Militärische Strategien

兵法

Sun Tzu sagt:
Nach den Regeln der Kriegskunst ist es besser, das Reich des Gegners unversehrt zu erobern, als es zu zerstören. Die alten, mit der Kunst der Kriegsführung vertrauten Feldherren besiegten das feindliche Heer, ohne es zu einer Schlacht kommen zu lassen. Sie bezwangen das Reich des Gegners, ohne Gewalt anzuwenden. Ihr Ziel war, es unversehrt zu erobern. Auf diese Weise mussten keine Soldaten geopfert werden und der Feldherr machte reiche Beute. Daher ist ein General, der all seine Schlachten gewinnt, indem er die feindlichen Heere aufreibt, nicht der beste Heerführer. Der beste Heerführer ist der, der den Krieg gewinnt, indem er den Feind zur Übergabe zwingt, ohne eine einzige Schlacht geschlagen zu haben.

Die beste militärische Strategie ist daher, sich in eine überlegene Position zu bringen. Greife erst danach zu diplomatischen Mitteln! Setze erst danach militärische Stärke als Drohmittel ein! Attackiere den Gegner erst, wenn alle anderen Mittel versagt haben!

III 兵

Strategien des Wettbewerbs

III-1

Im Allgemeinen ist es besser, eine Organisation oder einen Markt durch überlegenen Service und Innovation zu beherrschen, als sie mit destruktiven Taktiken zu zerschlagen. Einen Konkurrenten zu ruinieren ist weniger wert, als seine Ressourcen unversehrt in Besitz zu nehmen.

III-2

Den Kundenkreis eines Konkurrenten zu erobern ist besser, als seinen Ruf zu untergraben; seine produktiven Angestellten zu übernehmen ist besser, als ihre Arbeitsplätze zu vernichten; sich seine Distributionswege anzueignen ist besser, als dem Image seiner Firma zu schaden.

III-3

Es bedarf keiner besonderen Geschicklichkeit, um hundert Kopf-an-Kopf-Rennen gegen einen Konkurrenten für sich zu entscheiden. Ihr eigentliches Ziel sollte aber sein, das Vertrauen eines ganzen

Kundenkreises zu gewinnen (d. h., zum einzigen Anbieter einer Dienstleistung zu werden), ohne dafür Konkurrenzschlachten schlagen zu müssen. Dies ist jenen gelungen, deren Strategie es war, unermüdlich auf ihre Serviceleistungen zu achten. Anstatt sich an kostspieligen und aufreibenden Kopf-an-Kopf-Rennen zu beteiligen, kreieren sie innovative Produkte.

III-4

Die ideale Strategie besteht darin, die Produkte oder Dienstleistungen eines Konkurrenten durch Innovation obsolet zu machen.

III-5

Die nächstbeste Strategie besteht darin, sich über ein verbessertes Angebot an Produkten oder Dienstleistungen Gedanken zu machen.

III-6

Die nächstbeste Strategie besteht darin, sich effizienter zu vermarkten.

III-7

Die schlechteste Strategie ist, den Ruf oder das Produkt eines Konkurrenten direkt zu attackieren. Diese Strategie ist ein reiner Verzweiflungsakt. Er führt häufig zum Ruin aller Beteiligten.

III-8

Es ist letztlich selbstzerstörerisch, im Konkurrenzkampf auf destruktive Taktiken zu setzen. Ihr Ziel muss sein, einen besseren Service bieten zu können, der Ihnen die Anerkennung Ihrer Kunden einbringt. Wie soll Ihnen dies gelingen, wenn Sie den Ruf Ihres Konkurrenten ruinieren und damit möglicherweise auch Ihren eigenen beschädigen?

III-9

Wenn ein Manager nicht fähig ist, seine Ungeduld zu zügeln, und wenn er versucht, seinen Konkurrenten durch einen Frontalangriff auszuschalten, wird er mindestens ein Drittel seiner Ressourcen vergeuden, ohne viel erreicht zu haben. Eine derartige Strategie hat katastrophale Auswirkungen.

III-10

Der kluge Manager erobert eine Position kraft seines Wissens und seiner Phantasie. Er kreiert die besseren Produkte, erfüllt bisher unentdeckte Kundenwünsche und schafft ein höheres Maß an Zufriedenheit. Er sticht seine Konkurrenten bei den Kunden aus, ohne dass er es nötig hätte, sich auf Kopf-an-Kopf-Rennen oder langwierige Kampagnen einzulassen.

III-11

Ihr Ziel sollte sein, eine ganze Kundengruppe zu erobern, indem Sie sich ihr als überlegener Partner darstellen. Dadurch schonen Sie Ihre Ressourcen und Ihr Gewinn wird steigen. Dies ist die Kunst einer effizienten Wettbewerbsstrategie.

III-12

Die Grundphilosophie der Wettbewerbsstrategie lautet: Wenn Sie über einen fünf- bis zehnmal größeren Kundenstock als Ihre Konkurrenten verfügen, setzen Sie sie durch eine aggressive Vorgangsweise unter Druck. Beherrschen Sie die Situation durch Ihre Marktpräsenz! Investieren Sie Ihre Ressourcen in Forschung und Innovation!

III-13

Wenn Sie doppelt so viele Kunden haben, versuchen Sie herauszufinden, aus welchem Grund sich diese Kunden für Ihr Produkt entschieden haben und aus welchem Grund sie sich für das Ihres Konkurrenten entscheiden könnten! Sprechen Sie mit Ihren Kunden! Sprechen Sie mit den Kunden der Konkurrenz! Definieren Sie sich gegebenenfalls neu und grenzen Sie sich deutlich von den anderen ab. Worin unterscheiden Sie sich von ihnen? Worin sind Sie überlegen?

III-14

Wenn Sie gleich stark und gleich einflussreich sind wie Ihre Konkurrenten, versuchen Sie, den Markt in kleinere und profitablere Nischen aufzuteilen, die Sie beherrschen können. Suchen Sie darüber hinaus nach neuen Kunden für bereits existierende Dienstleistungen! Welche zusätzlichen Dienstleistungen können Sie anbieten? Können Sie auch

Kundenwünsche erfüllen, die über die Bedürfnisse Ihrer Stammkunden hinausgehen? Versuchen Sie, sich selbst mit neuen Augen zu sehen!

III-15

Wenn Sie in einer bestimmten Situation gleich stark sind wie die Konkurrenz, halten Sie Ihre Position, wenn dies möglich ist, aber bereiten Sie sich gleichzeitig darauf vor, sie zugunsten eines einträglicheren Kundenkreises aufzugeben, den Sie beherrschen können! Vergessen Sie nie, dass Marktdominanz zahlreiche Vorteile bietet! Einer davon ist größerer Gewinn, ein anderer gestärkter Kampfgeist. Wenn ein bereits existierender Kundenkreis Ihre Ressourcen zu erschöpfen droht, suchen oder schaffen Sie einen anderen, so schnell Sie können! Auch ein langsamer Tod ist ein Tod.

III-16

Und wenn Ihre Produkte denen Ihrer Konkurrenten in jeder Hinsicht unterlegen sind, geben Sie den entsprechenden Kundenkreis auf! Grundlegende Mängel können auch durch einen starken Willen und intensive Bemühungen nicht behoben werden! Investieren Sie Ihre Ressourcen, sobald sich eine aussichtsreichere Situation bietet!

III-17

Manager sind Führungspersönlichkeiten mit dem Auftrag, für ihr eigenes Überleben und ihr eigenes Wachstum wie auch das ihrer Organisation zu sorgen. Ist eine Führungspersönlichkeit klug und tüchtig, werden sie und ihre Organisation sicher gedeihen und wachsen. Ist sie passiv und schwach, werden sie und ihre Organisation genauso sicher untergehen. Erfolg oder Misserfolg hängen allein von der Führungskompetenz ab!

III-18

Ein leitender Manager kann sich und seiner Organisation auf drei Arten schaden:

III-19

Erstens kann er Probleme verursachen, wenn er handelt, ohne über die notwendigen Informationen zu verfügen. Wenn er sich etwa auf einen Konkurrenzkampf einlässt, ohne zu wissen, dass er ihn vermeiden sollte, wird er in Schwierigkeiten kommen. Wenn er hingegen einen Konkurrenzkampf beendet, ohne zu wissen, dass er gerade im Begriff steht, ihn zu gewinnen, lässt er eine Chance ungenützt. Leitende Manager, die Anweisungen geben, ohne über Kenntnisse aus erster Hand zu verfügen, graben sich selbst die Grube, in die sie fallen werden.

III-20

Zweitens kann er Probleme verursachen, wenn er sich mehr an seine Vorschriften hält als an seine Kunden. Wenn bürokratisch denkende Manager versuchen, die Aktivitäten einer Firma in ein kompliziertes Regelkorsett zu pressen, verwirren sie ihre Angestellten und der Kundendienst leidet darunter. Umständliche Vorschriften um ihrer selbst willen können sich nur die Organisationen leisten, die Kundendienst nicht nötig haben, weil sie so genannte Dienststellen sind (wie etwa die US-Bundesregierung): Kundendienst zählt nicht zu ihren Prioritäten. Für Innovation und Wachstum sind jedoch Aggressivität, Flexibilität und Kreativität erforderlich. Ein effizienter Manager ist trotz Ungewissheiten und Unklarheiten erfolgreich.

III-21

Drittens kann er Probleme verursachen, wenn er Personen fördert, die weder qualifiziert noch tüchtig sind. Wird ein Manager aufgrund von Umständen, die mit seinen Fähigkeiten nichts zu tun haben, auf einen hohen Posten berufen, werden die Angestellten skeptisch und misstrauisch. Dies schwächt unweigerlich den Kampfgeist der Mitarbeiter. Führungskompetenz ist alles! Autorität soll denen anvertraut werden, die führen können.

III-22

Wenn das Verhalten eines hochrangigen Managers die Mitarbeiter verwirrt und demotiviert, werden die Konkurrenten versuchen, seiner Firma die Kunden abspenstig zu machen. Interne Schwächen stärken die Konkurrenz.

III-23

Anhand von fünf Punkten lässt sich vorhersagen, wer erfolgreich sein wird:

III-24

Erfolgreich sein wird der leitende Angestellte, der weiß, wann er den Kampf aufnehmen und wann er den Rückzug antreten muss.

III-25

Erfolgreich sein wird der leitende Angestellte, der die Ressourcen einsetzt, die sich zur Bewältigung der aktuellen Herausforderung eignen.

III-26

Erfolgreich sein wird der leitende Angestellte, der zugleich enthusiastisch und innovativ ist.

III-27

Erfolgreich sein wird der leitende Angestellte, der seine Entscheidungen auf der Grundlage präziser und zeitgerecht eingeholter Informationen fällt.

III-28

Erfolgreich sein wird der leitende Angestellte, der sich nicht mit umständlichen Vorschriften oder unangenehmen Mitarbeitern belastet.

III-29

Wenn Sie Ihre Kunden, Ihre Konkurrenten und sich selbst kennen, werden Ihre Strategien selbst dann Erfolg haben, wenn Sie auf hundert Hindernisse stoßen.

III-30

Wenn Sie nur sich selbst kennen, nicht aber Ihre Kunden und Konkurrenten, werden Sie voraussichtlich genauso viele Erfolge wie Misserfolge haben.

III-31

Wenn Sie weder Ihre Kunden und Konkurrenten noch sich selbst kennen, werden Sie nur Misserfolge haben.

Strategische Vorkehrungen

兵法

Sun Tzu sagt:
In alten Zeiten machten sich die Feldherren zuerst selbst unbesiegbar. Dann warteten sie, bis sich der Feind eine Blöße gab. Unbesiegbarkeit liegt an einem selbst; die Möglichkeit des Sieges liegt beim Gegner. Daher kann ein erfahrener Feldherr unbesiegbar sein, ohne dass sich der Feind eine Blöße gibt. Wer nicht siegreich sein kann, soll verteidigen. Wer aber weiß, wie der Sieg erkämpft werden kann, soll angreifen.

In alten Zeiten waren die Feldherren nicht aufgrund ihrer unendlichen Weisheit und grenzenlosen Tapferkeit siegreich. Sie errangen ihre Siege, weil sie keine Fehler machten. Ihre Siege waren bereits in ihren Strategien enthalten. Wer sich gut verteidigte, verbarg sich in den tiefsten Tiefen der Erde. Wer gut angriff, handelte wie von der Höhe des Himmels herab. Sie blieben siegreich, weil sie abwarten konnten, bis sich der Gegner eine Blöße gab.

IV 兵

Positionierung

IV-1

Kluge Manager positionieren sich so, dass ihr Überleben und das ihrer Produkte sichergestellt ist. Dann warten sie auf eine Gelegenheit zum Handeln.

IV-2

Ob man sich zu behaupten vermag, hängt vom eigenen Verhalten ab; Siegeschancen ergeben sich aus dem Verhalten der anderen.

IV-3

Daher wird es dem klugen Manager zwar stets gelingen, sich zu behaupten; ob er siegreich sein kann, steht jedoch auf einem anderen Blatt.

IV-4

Deshalb heißt es: Auch wenn man weiß, wie der Sieg erkämpft werden muss, ist es oft nicht möglich, ihn zu erringen.

IV-5

Ob man sich zu behaupten vermag, hängt von einer guten Verteidigung ab; Siege erringt man, indem man die Initiative ergreift und im richtigen Augenblick handelt.

兵法

Sun Tzu sagt:
Ein großer Feldherr wählt die Position, in der er unbesiegbar ist. Er versäumt keine Gelegenheit, um sich die Schwächen seines Gegners zunutze zu machen. Ein siegreicher Feldherr schafft die Bedingungen für den Sieg, bevor er die Schlacht sucht. Ein erfolgloser Feldherr sucht die Schlacht, bevor er weiß, wie sie zu gewinnen ist. Ein großer Befehlshaber formt zuerst seinen Charakter und baut eine schlagkräftige Organisation auf. So nimmt er jene Faktoren selbst in die Hand, die über seinen Sieg oder seine Niederlage entscheiden.

Die Gesetze einer erfolgreichen Strategie sind: erstens die Entfernung zum Gegner, zweitens die Lage, drittens die Truppenstärke, viertens das Kräfteverhältnis und fünftens der Sieg. Die Entfernung zum Gegner ergibt sich aus dem Gelände, die Lage aus der Entfernung zum Gegner, die Truppenstärke aus der Lage, das Kräfteverhältnis aus der Truppenstärke und der Sieg aus dem Kräfteverhältnis. Daher geht ein siegreiches Heer gegen den Feind vor wie ein schweres Gewicht gegen ein leichtes. In einer Schlacht ist der Sieger wie ein reißender Fluss, der durch eine enge Schlucht strömt. Nichts vermag ihn aufzuhalten. Der Erfolg im Krieg hängt von den Positionen ab, die man besetzt.

IV-6

Bleiben Sie in der Defensive, wenn Ihre Ressourcen nicht ausreichend sind. Werden Sie erst dann aktiv, wenn sich eine gute Gelegenheit bietet!

IV-7

Kluge Manager besetzen Positionen, die unangreifbar sind. Kluge Manager agieren aus überlegenen, starken Positionen heraus. So erringen sie den Sieg, ohne eine Niederlage zu riskieren.

IV-8

Eine Situation durch Aggressivität oder Emotionalität zu beherrschen ist kein Beweis für Überlegenheit. Es bedarf im Grunde keiner besonderen Fähigkeiten, um den anderen zum Rückzug zu zwingen.

IV-9

Es bedarf ebenfalls keiner besonderen Fähigkeiten, um eine hitzige Auseinandersetzung in der Öffentlichkeit für sich zu entscheiden.

IV-10

Überragende Manager erringen scheinbar leichte Siege.

IV-11

Überragende Manager sind weder außergewöhnlich klug noch besonders mutig.

IV-12

Überragende Manager setzen sich vielmehr deshalb durch, weil sie keine Fehler machen. Aufgrund ihrer Kompetenz schafft jede Strategie, die sie anwenden, die Grundlage für einen möglichen Sieg. Sie besetzen aussichtsreiche Positionen und warten ab, dass andere ihnen günstige Gelegenheiten bieten.

IV-13

Der kluge Manager besetzt eine Position, in der er sich behaupten kann. Er versäumt keine Gelegenheit, um die Chancen zu nutzen, die ihm seine Kunden bieten.

IV-14

Der erfolgreiche Manager schafft zuerst die Bedingungen für den Sieg, bevor er die Initiative ergreift. Der erfolglose Manager ergreift die Initiative, ohne zu wissen, wie er gewinnen kann.

IV-15

Sobald er in einer Position der Stärke ist, arbeitet der kluge Manager an seinem Charakter und baut eine flexible Organisation auf. So nimmt er die Faktoren selbst in die Hand, die über Sieg und Niederlage entscheiden.

IV-16

Wenn er die Initiative ergreift, überlegt er sich sorgfältig die einzuschlagende Strategie. Zu einer erfolgreichen Strategie gehören: gute Gelegenheiten wahrnehmen, Informationen einholen, Alternativen durchspielen, ihre Erfolgschancen einschätzen – und handeln.

IV-17

Gute Gelegenheiten ergeben sich aus der jeweiligen Situation, d. h. aus den Aktivitäten oder Entscheidungen der anderen Mitspieler auf dem Markt oder in der Organisation.

IV-18

Fakten klären die Situation. Handlungsalternativen ergeben sich aus den Fakten. Erfolgschancen ergeben sich aus der Beurteilung der Handlungsalternativen. Und die Aktivitäten ergeben sich aus den Erfolgschancen.

IV-19

Ein kluger Manager beherrscht seinen Kunden wie ein schweres Gewicht ein leichtes. Er ist wie ein reißender Fluss, der durch eine enge Schlucht strömt. Nichts vermag ihn in seinem Schwung aufzuhalten.

IV-20

Die Erfolgsaussichten hängen von den Positionen ab, die man einnimmt. Warten Sie ab, bis Ihnen von anderen eine gute Gelegenheit geboten wird! Setzen Sie zum richtigen Zeitpunkt die richtigen Strategien um!

Strategische Stärke

兵法

Sun Tzu sagt:
Es ist gleich, ob man gegen starke oder geringe Kräfte kämpft. Es kommt auf die Formation und die Kommunikation an. Jedes Heer vermag zu kämpfen, ohne eine Niederlage zu erleiden. Es kommt darauf an, ob man orthodox oder unorthodox vorgeht. Ein siegreiches Heer geht gegen den Feind vor wie ein Mühlstein, der auf ein Ei fällt: Das ist die Fülle und die Leere. Der Feind weiß nicht, an welchem Punkt seiner Front er sich verteidigen soll.

Der erfahrene Befehlshaber weiß, dass seine Stärke wie eine gespannte Armbrust ist und der richtige Zeitpunkt wie der Abzug, der den Bolzen mit tödlicher Präzision losschnellen lässt. Der große Feldherr sammelt daher zuerst seine Kräfte; dann, zum richtigen Zeitpunkt, schleudert er seine Truppen dem Feind entgegen wie rundgeschliffene Steine, die einen Berg hinabrollen. Den Sieg erringt er durch seine Stärke, die er zum richtigen Zeitpunkt einsetzt.

V 兵

Rasches Erkennen von Chancen

V-1

Die Grundsätze der Führung großer Gruppen sind dieselben wie die der Führung kleiner Gruppen. Es kommt auf die geeignete Organisationsform an.

V-2

Der Kampf gegen einen starken Konkurrenten ist dasselbe wie der Kampf gegen einen schwachen Konkurrenten. Es kommt darauf an, dass man günstige Gelegenheiten schafft und sich den richtigen Zeitpunkt zunutze macht.

V-3

Im Allgemeinen vermag sich ein Manager im Machtgefüge seiner Organisation zu behaupten. Es kommt darauf an, dass er richtig handelt und seinen Kunden einen angemessenen Service bietet.

V-4

Beherrscht ein Manager jedoch die Situation, dann deshalb, weil er günstige Gelegenheiten schafft und weiß, was gutes Timing ist. Es kommt darauf an, dass man sowohl Stärke zeigt als auch Schwäche vortäuscht und sowohl Tatsachen als auch Illusionen vermittelt: Die Konkurrenten wissen dann nicht, wogegen sie sich verteidigen sollen.

V-5

In Wettbewerbssituationen wird gemeinhin eine Taktik der direkten Konfrontation mit dem Gegner verfolgt. Zu einem sicheren Sieg führt jedoch nur die Stärke, die aus der Verfolgung einer überraschenden Taktik, d. h. aus dem innovativen Einsatz von Personal und Information kommt.

V-6

Der Manager, der eine überraschende Taktik geschickt einsetzt, ist unüberwindlich. Sein Übergang von orthodoxen zu unorthodoxen Taktiken und umgekehrt ist wie das ruhige Dahinströmen eines großen Flusses.

V-7

Das Orthodoxe und das Unorthodoxe gehen auf und unter wie Sonne und Mond. Sie stehen in einem Kreislauf, der wie die vier Jahreszeiten mit dem Tod beginnt und mit dem Leben endet.

V-8

In der Musik gibt es nicht mehr als fünf Töne; aber selbst ein ganzes Leben wäre zu kurz, um all die möglichen Tonfolgen dieser fünf Töne hören zu können.

V-9

In der Malerei gibt es nicht mehr als fünf Farben; aber selbst ein ganzes Leben wäre zu kurz, um all die möglichen Farbmischungen dieser fünf Farben sehen zu können.

V-10

In der Kochkunst gibt es nicht mehr als fünf Geschmacksarten; aber selbst ein ganzes Leben wäre zu kurz, um all die möglichen Geschmacksrichtungen schmecken zu können.

V-11

Die Konkurrenz innerhalb von Organisationen oder am Markt bietet Gelegenheit für die Verfolgung orthodoxer wie auch unorthodoxer Taktiken. Doch selbst ein ganzes Leben wäre zu kurz, um all die Möglichkeiten erschöpfen zu können, die der innovative Einsatz von Personal und Information bietet.

V-12

Orthodoxe und unorthodoxe Taktiken rufen einander in der Ebbe und Flut eines Konfliktes hervor wie ein Kreis, der weder Anfang noch Ende hat:

Ihre Kontrahenten wissen nicht, wo die einen enden und die anderen beginnen.

V-13

Was einem reißenden Strom ermöglicht, große Steine mitzuführen, ist seine unüberwindliche Stärke.

V-14

Was einem Falken ermöglicht, seinem Opfer blitzschnell den Nacken zu brechen, ist sein präzises Timing.

V-15

Für den klugen Manager ist eine gute Gelegenheit wie eine Abschussrampe und sein Timing wie der Startknopf, der die Rakete mit tödlicher Präzision ins Ziel befördert.

V-16

Der kluge Manager weiß Situationen zu schaffen, die seinen Konkurrenten massiv unter Druck setzen, und er berechnet den Zeitpunkt seiner Aktionen so, dass sie unfehlbar zum Erfolg führen.

V-17

Im Chaos seiner Organisation oder der Konkurrenzsituation am Markt vermag der kluge Manager im Verhalten seiner Rivalen bestimmte Muster zu erkennen. Seine eigenen Ressourcen setzt er jedoch scheinbar aufs Geratewohl ein, als ob er im Kreis ginge. Er gibt sich den Anschein, desorientiert zu sein, ist aber in Wirklichkeit unbesiegbar.

V-18

Scheinbare Unordnung entsteht aus professioneller Organisation. Die Illusion der Ängstlichkeit entsteht aus großer Tapferkeit. Scheinbare Schwäche entsteht aus wahrer Stärke.

V-19

Ein überragender Manager geht in Wettbewerbssituationen mit seinen Konkurrenten geschickt um. Er stellt günstige Gelegenheiten her, indem er seine Konkurrenten durch die Vorspiegelung eines leichten Gewinns in eine angreifbare Position lockt. Dort erwartet er sie mit der Überlegenheit dessen, der seine Stärke aus der Kombination des Orthodoxen mit dem Unorthodoxen, des Herkömmlichen mit dem Innovativen bezieht.

V-20

Auf diese Weise erringt der kluge Manager dank seiner Initiative den Sieg. Ob er erfolgreich ist oder nicht, hängt nur von ihm selbst ab.

V-21

Er wählt die am besten geeigneten Leute, um seine Pläne im entscheidenden Augenblick zu verwirklichen.

V-22

Die Menschen, die er führt, müssen wie rundgeschliffene Steine sein. Jeder Stein, ganz gleich welche Form er hat, bleibt auf ebenem Grund von Natur aus still liegen. Ist der Boden abschüssig und wirkt eine Kraft auf sie ein, sind rundgeschliffene Steine leicht in Bewegung zu bringen.

V-23

Auf diese Weise schafft der geschickte Manager zunächst ungleiche, für ihn vorteilhafte Bedingungen; und dann, im richtigen Moment, schickt er ausgewählte Mitarbeiter in den Kampf gegen seinen Konkurrenten wie rundgeschliffene Steine, die er einen steilen Berg hinabrollen lässt.

Die Fülle und die Leere

法 兵

Sun Tzu sagt:
Der kluge Feldherr weiß seinen Gegner zu lenken. Er lässt nicht zu, dass dieser ihn lenkt. Wenn jemand anzugreifen versteht, weiß der Gegner nicht, wo er sich verteidigen soll; wenn jemand sich gut zu verteidigen weiß, nicht, wo er angreifen soll. Wir sind formlos und unsichtbar; wir sind die Lenker der Geschicke des Gegners. Man ist stark, wenn man es versteht, ihm seine Bedingungen vorzuschreiben; man ist schwach, wenn er einem seine Bedingungen vorschreibt.

Der große Befehlshaber lockt den Gegner in eine Falle, hält sich selbst aber den Rücken frei. Dort, wo der Feind schwach ist, macht er sich unbesiegbar. Wenn man so urteilt, wie ich es tue, wird man erkennen: Mögen die Soldaten des Gegners noch so zahlreich sein, was kann ihnen das zum Siege nützen, wenn ich Herr der Situation bin?

VI 兵

Souveränität

VI-1

Wer sich zeitgerecht vorbereitet, sieht dem Kampf gelassen entgegen; wer sich zu spät vorbereitet, muss überstürzt und erschöpft in den Kampf ziehen.

VI-2

Der geschickte Manager lenkt die Konkurrenz; er erlaubt ihr nicht, dass sie ihn lenkt.

VI-3

Der geschickte Manager lockt seinen Konkurrenten mit scheinbaren Vorteilen aus der Reserve. Er hält ihn von einer Offensive ab, indem er ihm scheinbare Nachteile in Aussicht stellt. Er nimmt den Konkurrenzkampf also erst dann auf, wenn er bereit ist.

VI-4

Er hält seine Rivalen in Bewegung und lässt sie im Ungewissen. Geht es seinem Konkurrenten gut, bereitet er ihm Schwierigkeiten. Ist sein Konkurrent zufrieden, erzeugt er Unzufriedenheit. Ist sein Konkurrent gelassen, stiftet er Verwirrung.

VI-5

Der geschickte Manager besetzt Positionen, die die Konkurrenz erst einnehmen muss, um sich gegen ihn zu verteidigen. Er geht dorthin, wo ihn seine Konkurrenten am wenigsten erwarten würden.

VI-6

Der geschickte Manager positioniert seine Ressourcen umsichtig. Als Erstes besetzt er die Territorien, die ihm von niemand streitig gemacht werden können.

VI-7

Die Offensiven eines überaus tüchtigen Managers gelingen immer, weil er nur Stellungen angreift, die nicht verteidigt werden können. Die Verteidigungsstellungen eines überaus tüchtigen Managers sind uneinnehmbar, weil er nur die Stellungen verteidigt, die unangreifbar sind.

VI-8

Im Kampf gegen einen so klugen Angreifer weiß die Konkurrenz nicht, an welchem Punkt sie sich verteidigen soll. Im Kampf gegen einen so klugen Verteidiger weiß die Konkurrenz nicht, an welchem Punkt sie angreifen soll.

VI-9

Die besten Strategien sind subtile Strategien. Sie haben keine erkennbare Form. Die besten Strategien sind geheime Strategien. Sie können nicht entdeckt werden. Wenn man formlos und unsichtbar bleibt, kann man zum Herrn über das Schicksal seines Konkurrenten werden.

VI-10

Wenn ein geschickter Manager die Konkurrenz unter Druck setzt, konzentriert er sich auf ihre Schwachpunkte und er ist durch nicht aufzuhalten. Wenn ein geschickter Manager seine Position rasch ändert, dann tut er das schnell und kann nicht von seinem Weg abgebracht werden.

VI-11

Weist alles darauf hin, dass eine direkte Konfrontation bevorsteht, muss sich ein Konkurrent, auch wenn er sich hinter einem großen Namen oder geschlossenen Türen versteckt, ihr stellen, sobald sein Kernbereich oder ein kritischer Markt bedroht ist.

VI-12

Zeichnet sich eine direkte Konfrontation ab, kann es vorkommen, dass ein Konkurrent sich aufplustert und Drohungen ausstößt; er wird aber keinen Schaden anrichten können, wenn er kein Ziel hat, das er angreifen könnte.

VI-13

Ein überaus tüchtiger Manager lenkt seine Konkurrenz, hält sich selbst aber den Rücken frei. Er spaltet die Konkurrenz, hält seine Organisation aber zusammen. Er verwirrt die Konkurrenz, behält aber selbst den Überblick. Auf diese Weise ist er imstande, große Ressourcen in die Schlacht um Positionen zu werfen, die von schwächeren Ressourcen verteidigt werden. Er entfaltet eine durchschlagende Wirkung. Er setzt geballte Stärke gegen Schwäche ein.

VI-14

Je weniger ein Konkurrent weiß, auf welchen Punkt wir unsere Aufmerksamkeit richten, desto stärker sind wir. Wenn der Konkurrent seine Ressourcen aufsplittern muss, um unserer Herausforderung zu begegnen, werden all seine Verteidigungsstellungen schwächer.

VI-15

Wenn ein Konkurrent eine Abteilung verstärkt, schwächt er eine andere. Wenn er ein Produkt besonders hervorhebt, schwächt er ein anderes. Wenn er sich auf einen Kundenkreis konzentriert, vernachlässigt er einen anderen. Wenn er versucht, überall stark zu sein, wird er überall schwach sein.

兵法

Sun Tzu sagt:
Den Sieg kann man herbeiführen. Selbst wenn die Truppen des Gegners zahlreich sind, kann ich ihren Kampfgeist brechen. Daher prüfe ich sorgfältig, welche Strategien Erfolg versprechen und welche nicht. Ich fordere den Gegner zu Scharmützeln heraus, um herauszufinden, welche Punkte er verteidigen und wann er angreifen wird. Ich beziehe verschiedene Stellungen, um herauszufinden, wo er stark und wo er schwach ist. Ich stelle Vergleiche zwischen seinem Heer und meinem an, um herauszufinden, worin sie einander überlegen oder unterlegen sind. Bei der endgültigen Festlegung meiner Strategie achte ich darauf, dass sie formlos ist und geheim bleibt. Eine formlose Strategie kann auch vom besten Spion nicht auskundschaftet werden; eine geheime Strategie kann auch von den klügsten Beratern nicht durchkreuzt werden. Ich besiege den Feind, indem ich mich zum Herrn der Situation mache, ohne dass der Feind weiß, wie mir dies gelungen ist. Danach kann zwar jedermann erkennen, wie ich den Sieg errungen habe, aber niemand wird die Überlegungen kennen, von denen ich mich bei der Entwicklung dieser Strategie leiten ließ.

VI-16

Stark ist, wer die Konkurrenz dazu zwingt, auf ihn zu reagieren; schwach ist, wer auf die Konkurrenz reagieren muss.

VI-17

Bestimmt ein Manager Ort und Zeitpunkt einer Konfrontation, kann er sich in aller Ruhe auf sie vorbereiten, ohne ein Scheitern befürchten zu müssen. Bestimmt er ihren Ort und Zeitpunkt aber nicht, werden seine Vorbereitungen unzureichend sein und er wird scheitern, ganz gleich, wie viele Ressourcen er in die Schlacht wirft.

VI-18

Wenn man so urteilt, wie ich es tue, können die Ressourcen der Konkurrenz noch so überlegen sein, werden ihr aber nicht den Sieg bringen, solange ich Herr der Situation bin.

VI-19

Daher heißt es: Wer Herr der Situation ist, kann, wenn er geschickt vorgeht, den Sieg erringen. Auch wenn die Ressourcen des Konkurrenten den meinen überlegen sind, kann ich seinen Kampfgeist durch Souveränität brechen.

VI-20

Daher prüfe ich sorgfältig, welche Strategien Erfolg versprechen und welche nicht.

VI-21

Ich fordere den Gegner zu Scharmützeln heraus, um herauszufinden, welche Punkte er verteidigen und an welchen er angreifen wird.

VI-22

Ich beziehe verschiedene Stellungen, um herauszufinden, wo er stark und wo er schwach ist.

VI-23

Ich vergleiche meine Ressourcen mit den seinen, um herauszufinden, worin er mir überlegen oder unterlegen ist.

VI-24

Bei der endgültigen Festlegung meiner Strategie achte ich darauf, dass sie formlos ist und meinem Konkurrenten unbekannt bleibt. Eine formlose Strategie kann selbst vom besten Spion nicht auskundschaftet werden; eine geheime Strategie kann selbst von den aufmerksamsten Beratern nicht durchkreuzt werden.

VI-25

Ich gewinne Oberhand über die Konkurrenz, wenn ich die Situation beherrsche, ohne dass meine Konkurrenten herausfinden können, wie ich sie beherrsche. Jedermann kann zwar erkennen, dass ich den Sieg errungen habe, niemand weiß aber, wie mir dies gelungen ist. Die Ergebnisse, die ich erziele, sind offenkundig, meine Methoden bleiben aber im Verborgenen.

VI-26

Erfolgreiche Strategien sollten nie wiederholt werden. Jeder Konflikt findet in einer einzigartigen Situation statt.

VI-27

Erfolgreiche Strategien fließen wie Wasser; ihre Form erhalten sie aus den Rahmenbedingungen des Konflikts. Fließendes Wasser läuft von der Höhe ab und strebt in die Tiefe. Ähnlich vermeiden erfolgreiche Strategen umständliche Methoden und streben einfache an.

VI-28

Wie das Wasser seinen Lauf nach dem Gelände richtet, richtet sich der Sieg nach dem Gegner.

VI-29

Wie Wasser keine unveränderliche Form hat, hat auch die siegreiche Strategie keine unveränderliche Form.

VI-30

In der Natur ist kein Element den anderen in allen Situationen überlegen. Jede der vier Jahreszeiten kommt und geht. Manche Tage sind länger und manche sind kürzer. Der Mond nimmt zu und wieder ab.

VI-31

Der kluge Manager hat Erfolg, indem er seine Pläne und Ressourcen sorgfältig auf die Stärken und Schwächen seines Gegners abstimmt; wenn ihm dies gelingt, verdient er es, ein Genie genannt zu werden.

Das Manövrieren

兵法

Sun Tzu sagt:
Nichts ist schwieriger als das Manövrieren. Wer erfolgreich zu manövrieren versteht, führt den Gegner in die Irre und zwingt ihn zu Umwegen. Auf diese Weise wird man früher als der Gegner am Schlachtfeld ankommen, obwohl man später aufgebrochen ist. Wer erfolgreich zu manövrieren versteht, bezieht schwer einnehmbare Stellungen, hält sich selbst aber den Rücken frei. Wer in der Lage ist, ungehindert zu manövrieren, wird siegen. In alten Zeiten errangen die Feldherren ihre Siege durch Täuschung. Das Geheimnis der Täuschung liegt in der Fähigkeit, die Wahrnehmungen des Gegners zu manipulieren. Der Sieg wird dem gehören, dem es gelingt, das Nahe fern und das Ferne nah, den kürzesten Weg als Umweg und den Umweg als kürzesten Weg erscheinen zu lassen.

VII 兵

Verhalten in offenen Konflikten

VII-1

Sobald der Manager die Notwendigkeit erkannt hat, einen Konkurrenten offen anzugreifen, sammelt er seine Ressourcen, bringt sie unter seine Kontrolle und organisiert sie umsichtig.

VII-2

In jedem Konkurrenzkampf ist der Frontalangriff auf den Konkurrenten das Schwierigste. Bei einem erfolgreichen Frontalangriff kommt es auf den effizienten Einsatz von Information an. Planen Sie eine Offensive, so sammeln Sie zunächst Informationen über den Konkurrenten und die Marktsituation. Finden Sie heraus, was tatsächlich Vorteile und was Nachteile bietet. Finden Sie heraus, was Wirklichkeit und was Illusion ist.

VII-3

Steuern Sie die Informationen, die Sie Ihrem Konkurrenten geben! Gute Informationssteuerung bietet Ihnen die Möglichkeit, den Konkurrenten in die

Irre zu führen und von seinem Weg abzubringen. Durch gezielten Einsatz irreführender Informationen können Sie ihn dazu veranlassen, eine weniger erfolgreiche Strategie einzuschlagen. Auf diese Weise werden sie eher als Ihr Konkurrent am Ziel sein, auch wenn Sie später aktiv geworden sind. Dies gelingt nur dem, der über die Feinheiten der Informationssteuerung Bescheid weiß.

VII-4

Frontale Offensiven können nützlich sein, um einen Vorteil zu erringen; frontale Offensiven können aber auch nützlich sein, um einen Nachteil zu vermeiden.

VII-5

Wenn Sie einen Vorteil zu erringen suchen, ist gutes Timing das Entscheidende. Hüten Sie sich, überflüssige Ressourcen zu mobilisieren, bevor Sie angreifen. Dies würde Ihre Reaktionsschnelligkeit beeinträchtigen. Ihr Konkurrent würde Ihnen entkommen und die gute Gelegenheit würde ungenützt vorübergehen.

VII-6

Hüten Sie sich aber auch, Ihre Ressourcen zu zersplittern, nur um Zeit zu gewinnen.

VII-7

Wenn Sie auf die nötige Vorbereitung verzichten und sich überstürzt einer schwierigen Konfliktsituation stellen müssen, werden Sie auch dann nur geringe Erfolgschancen haben, wenn Sie Tag und Nacht arbeiten. Sie werden Ihre Kräfte verzetteln. Sie werden Ihre Ressourcen verschwenden. Sie werden Ihre Motivation verlieren.

VII-8

Der Schlüssel zum Erfolg von Frontalangriffen liegt in einer gründlichen Vorbereitung. Entscheiden Sie früh genug, wann Sie welche Kombination von Ressourcen einsetzen werden. Es ist unklug, auf eine gründliche Vorbereitung zu verzichten und Risiken einzugehen.

VII-9

Sie werden scheitern, wenn es Ihnen an geeigneten Schulungsmaßnahmen oder an geeigneter Ausrüstung mangelt. Sie werden scheitern, wenn Sie über keine tragfähige finanzielle Basis verfügen. Sie werden scheitern, wenn Sie sich nicht früh genug informiert haben.

VII-10

Der Manager, der die Ziele, Ressourcen und Verbündeten seines Konkurrenten nicht kennt, weiß nicht, mit wem er sich verbünden könnte. Wenn er weder die Meinungen seiner Kunden noch die politischen Rahmenbedingungen noch die Marktsituation kennt, ist er nicht imstande, seine Ressourcen gezielt einzusetzen.

VII-11

Der Manager, der sich keiner Informanten und Berater bedient, um die Stärken und Schwächen seines Gegners ausfindig zu machen, wird keinen erfolgreichen Plan schmieden können.

VII-12

Der Erfolg frontaler Offensiven gegen einen Konkurrenten hängt davon ab, ob es gelingt, ihn in die Irre zu führen. Wenn Ihre Strategie dem Konkurrenten vertraut ist, wird er sie durchkreuzen können, ganz gleich, wie gut sie ist. Konzentrieren Sie sich auf Ihr Ziel und halten Sie Ihre Strategie geheim. Halten Sie Ihren Konkurrenten im Ungewissen, indem Sie die Form Ihrer Aktionen ständig verändern.

VII-13

Auf diese Weise bleibt Ihre Vorgehensweise verborgen. Sie können sich schnell wie ein Sturmwind oder langsam wie eine Brise bewegen. Sie können wie eine Feuersbrunst attackieren. Sie können unerschütterlich wie ein Berg den Platz behaupten. Sie können wie der Blitz zuschlagen, machtvoll und im Dunkeln unvorhersehbar.

VII-14

Spalten Sie die Belegschaft der Konkurrenz und Sie werden imstande sein, ihre Kunden zu erobern. Sorgen Sie dafür, dass sie ihr Ziel aus den Augen verliert, und Sie werden siegen.

法兵

Sun Tzu sagt:
Der kluge Feldherr weicht dem Gegner aus, solange dieser frischen Mutes ist. Er greift an, sobald der Gegner müde wird. Der kluge Feldherr wartet geordnet auf das Chaos. Der kluge Feldherr wartet ab, dass sich der Gegner ihm aus der Ferne nähert. Wer geschickt kämpft, greift eine geschlossene Schlachtordnung nicht an. Wer geschickt kämpft, greift den Gegner nicht an, der sich auf einer Anhöhe befindet, und zieht sich vor keinem Gegner zurück, der von einer Anhöhe herunterkommt. Verfolge keinen, der zum Schein flüchtet. Falle nicht auf die Lockmittel des Gegners herein. Halte einen Gegner nicht auf, der nach Hause zurückkehrt. Hast du den Gegner eingeschlossen, lass ihm einen Fluchtweg offen. Bedränge keinen Gegner, der sich in einer aussichtslosen Lage befindet. Dies sind die Gesetze des Manövrierens.

VII-15

Wenn Sie selbst den Rücken frei haben, Ihre Konkurrenten aber in ihrer Bewegungsfreiheit einschränken können, werden Sie siegen.

VII-16

Das Geheimnis eines erfolgreichen Frontalangriffs liegt in der Fähigkeit, Wahrnehmungen zu manipulieren. Lassen Sie mittelbare Bedrohungen als unmittelbar erscheinen. Lassen Sie undurchführbare Strategien als durchführbar und durchführbare Strategien als undurchführbar erscheinen.

VII-17

Frontalangriffe erzeugen Emotionen. Wenn die Emotionen hochgehen, kann Ihr Denken getrübt und die Kommunikation zwischen den Mitgliedern Ihrer Gruppe gestört werden.

VII-18

Aus diesem Grund sollten Sie klare Verhaltensregeln entwickeln, mit deren Hilfe Sie Ihre Aufmerksamkeit und die Ihrer Mitarbeiter wieder auf Ihr eigentliches Ziel lenken können. Wenn zwischen Ihren Mitarbeitern ungestörte Kommunikation herrscht, werden die Angriffslustigen unter ihnen auf unkluge Initiativen verzichten und die Übervorsichtigen unter ihnen gute Gelegenheiten ohne Zögern wahrnehmen. So führt man Menschen in einer Konfliktsituation.

VII-19

Vergessen Sie aber nicht, dass Ihre Emotionen und Kommunikationssignale auch von Ihrem Konkurrenten entschlüsselt werden. Verwirren Sie daher Ihren Konkurrenten, indem Sie unter die echten Signale einige irreführende mischen. Einen Konkurrenten hinters Licht zu führen bedarf jedoch eines hohen Maßes an Selbstdisziplin und Engagement auf Seiten Ihres Teams.

VII-20

Die Belegschaft der Konkurrenz kann demotiviert werden; ein Ihnen feindlich gesinnter Manager kann von seinem Vorhaben abgebracht werden.

VII-21

Wenn Sie Ihren Konkurrenten genau beobachten, werden Sie erkennen können, dass er anfänglich sehr zuversichtlich ist. Seine Zuversicht wird mit der Zeit schwinden. Je länger sich die Sache hinzieht, desto ungeduldiger wird er eine Lösung herbeiführen wollen. Machen Sie sich dies zunutze.

VII-22

Weichen Sie Ihrem Konkurrenten aus, solange er zuversichtlich ist. Setzen Sie ihn erst dann unter Druck, wenn er untätig oder müde ist. Stimmen Sie den Zeitpunkt Ihrer Aktionen auf die Verfassung Ihres Konkurrenten ab.

VII-23

Begegnen Sie einem chaotischen Konkurrenten mit Disziplin. Begegnen Sie einem ungeduldigen Konkurrenten mit Ruhe. Auf diese Weise halten Sie Ihre eigenen Emotionen unter Kontrolle.

VII-24

Warten Sie ab, bis die Konkurrenz an Sie herantritt. Sammeln Sie wichtige Informationen. Analysieren Sie sie sorgfältig. Auf diese Weise werden Sie und Ihre Gruppe gründlich vorbereitet sein.

VII-25

Hüten Sie sich vor übereilten Konfrontationen mit einem Konkurrenten, der gut vorbereitet ist. Hüten Sie sich vor unüberlegten Angriffen auf eine Gruppe, die gut geführt wird. Warten Sie ab, bis sich die Situation geändert hat.

VII-26

Dies ist der richtige Umgang mit einer Konfliktsituation. Hüten Sie sich vor Angriffen auf starke Produkte oder leicht zu verteidigende Marktsegmente. Ziehen Sie sich nicht auf eine Position der Schwäche zurück.

VII-27

Verfolgen Sie Ihren Konkurrenten nicht, wenn er sich aus einem großen Markt oder einem wichtigen Produkt zurückzuziehen scheint. Es könnte ein fingierter Rückzug sein, der Sie aufs Glatteis führen soll.

VII-28

Hüten Sie sich, die scharfsinnigsten Mitarbeiter Ihres Konkurrenten zu attackieren.

VII-29

Hüten Sie sich, einen scheinbaren Vorteil wahrzunehmen, ohne sich vorher genau erkundigt zu haben. Er könnte ein Köder sein, mit dem Ihr Konkurrent Sie in die Falle locken will.

VII-30

Verfolgen Sie Ihren Konkurrenten nicht, wenn er sich aus Ihrem Markt zurückzieht. Er ist bereits geschlagen.

VII-31

Sind die Ressourcen Ihres Konkurrenten erschöpft, lassen Sie ihm einen Ausweg offen. Bieten Sie ihm die Möglichkeit zu überleben. Versuchen Sie nicht, ihn zu vernichten. Dieser Sieg könnte Sie teuer zu stehen kommen.

VII-32

Es ist überflüssig, einen Konkurrenten unter Druck zu setzen, der bereits in einer verzweifelten Lage ist. Verzweiflung führt von selbst zur Niederlage.

VII-33

Dies sind die Gesetze des erfolgreichen Verhaltens in offenen Konflikten.

Die neun Möglichkeiten

法 兵

Sun Tzu sagt:
Nur der besonnene und wendige Feldherr, der es versteht, sich an die wechselnden Umstände anzupassen, wird seine Truppen zum Sieg führen. Schlage kein Lager in einem weglosen Gelände auf. Vereinige dich mit deinen Verbündeten an einem Ort, wo Straßen sich kreuzen. Halte dich nicht in ödem Gelände auf. Sei auf der Hut, wenn Umzingelung droht. Schlage dich, wenn dir der Tod droht. Verlasse dich nicht darauf, dass der Gegner nicht herankommen wird. Sei bereit, ihn zu empfangen. Verlasse dich nicht darauf, dass der Gegner nicht angreifen wird. Verlasse dich vielmehr auf eine starke Verteidigung.

VIII 兵

Flexibilität

VIII-1

Der Manager, der den Entschluss gefasst hat, den Konkurrenzkampf um eine bestimmte Kundengruppe aufzunehmen, sollte folgende Regeln beachten:

VIII-2

Hüten Sie sich davor, Positionen zu besetzen, die isoliert sind oder fernab von den Ressourcen liegen.

VIII-3

Hüten Sie sich davor, Positionen zu besetzen, die viele Schwachpunkte haben und nur schwer zu verteidigen sind.

VIII-4

Halten Sie ständig Kontakt mit Ihren Verbündeten und treffen Sie alle Vorkehrungen, damit Sie sich gegenseitig unterstützen können.

VIII-5

Seien Sie auf alle Eventualitäten vorbereitet, falls die Konkurrenzsituation umschlägt und Ihre eigene Position bedroht ist.

VIII-6

In einer Situation, in der Sie zum Handeln gezwungen sind, sollten Sie darauf achten, die Konfrontation so lange hinauszuschieben, bis Sie bereit sind.

VIII-7

Wenn Sie strategische Entscheidungen fällen, sollten Sie gewisse Methoden vermeiden; gewisse Personen sollten nicht angegriffen, gewisse Fragen nicht angeschnitten, gewisse Märkte nicht umkämpft werden.

VIII-8

Mitten im Konkurrenzkampf sollten Anweisungen von Führungskräften, die keinen unmittelbaren Kontakt zum Markt haben, manchmal ignoriert werden.

VII-9

Daher wird nur der flexible Manager, der seine Strategie an wechselnde Umstände anzupassen weiß, im Konkurrenzkampf seine Ressourcen wirkungsvoll einsetzen können.

VIII-10

Der Manager, der nicht flexibel genug ist und seine Strategie nicht an wechselnde Umstände anpasst, wird sich sein Wissen auch dann nicht zunutze machen können, wenn er die betreffenden Personen und Methoden ansonsten genau kennt.

VIII-11

Der Manager, der nicht flexibel genug ist und seine Strategie nicht an wechselnde Umstände anpasst, wird dann nicht auch die richtigen Personen zum richtigen Zeitpunkt zum richtigen Handeln bewegen können, wenn er gute Chancen ansonsten stets erkennt.

VIII-12

Der kluge Manager berücksichtigt in seinen strategischen Überlegungen sowohl die Gewinn- als auch die Verlustmöglichkeiten.

VIII-13

Wenn er die Gewinnmöglichkeiten berücksichtigt, steht zu erwarten, dass seine Pläne maximalen Profit garantieren; wenn er die Verlustmöglichkeiten berücksichtigt, wird er Zwischenfälle vorhersehen und seine Pläne so modifizieren können, dass alle Probleme überwunden werden.

VIII-14

Der kluge Manager fügt seiner Konkurrenz Verluste zu, um sie in ihrer Bewegungsfreiheit zu behindern.

VIII-15

Er sorgt für kleine Irritationen, um seinen Konkurrenten zu beschäftigen. Er gesteht ihm unwesentliche Gewinne zu, um ihn in Bewegung und beschäftigt zu halten.

VIII-16

Gehen Sie daher nicht davon aus, dass Ihr Konkurrent nicht offensiv werden wird, wenn Sie den Konkurrenzkampf gewinnen wollen; setzen Sie vielmehr auf gute Vorbereitung und starke Verteidigung und Sie werden ihn schlagen.

VIII-17

Man kann sich fünf Charaktermängel zunutze machen, um einen Manager im Konkurrenzkampf schlagen zu können.

VIII-18

Ist er leichtsinnig, kann er dazu gebracht werden, seine Ressourcen zu vergeuden.

法兵

Sun Tzu sagt:

Es gibt fünf Charaktermängel, die einem Feldherrn gefährlich werden können: Ist er leichtsinnig, können seine Männer getötet werden. Ist er feige, kann sein Heer in Gefangenschaft geraten. Ist er reizbar, wird der Zorn seinen Blick trüben. Ist er in seiner Ehre empfindlich, kann er hinters Licht geführt werden. Ist er zu nachgiebig im Umgang mit seinen Männern, wird er im entscheidenden Moment zaudern. Diese fünf Mängel können dem Feldherrn zum Verhängnis werden und im Krieg große Zerstörungen anrichten. Diese fünf Mängel führen zum Scheitern des Feldherrn und zum Untergang ganzer Armeen. Das muss man wissen.

VIII-19

Ist er unentschlossen, kann man sich seine Ressourcen aneignen.

VIII-20

Ist er reizbar, kann man ihn zu Unvorsichtigkeiten verleiten.

VIII-21

Ist er von sich eingenommen, kann man ihn mit Schmeicheleien in die Irre führen.

VIII-22

Ist ihm seine Beliebtheit am wichtigsten, wird er zögern, bevor er im richtigen Moment eine unpopuläre Entscheidung trifft.

VIII-23

Diese fünf Charaktermängel schränken die Erfolgschancen eines Managers in hohem Maß ein. Sie verursachen hohe Verluste in Konkurrenzsituationen.

VIII-24

Diese fünf Charaktermängel verursachen das Scheitern von Managern und den Untergang ihrer Firmen. Arbeiten Sie an sich und merzen Sie sie aus.

Die Gefechtsformation

兵法

Sun Tzu sagt:
Beachte folgende Regeln: Beim Marsch durch ein Gebirge folge den Tälern. Bleibe auf den Anhöhen, von wo aus du die Umgebung überblicken kannst. Greife einen Gegner, der sich auf einer Anhöhe befindet, nie von unten an. Überschreitet der Gegner einen Fluss, greife ihn an, sobald die Hälfte seiner Truppen übergesetzt hat. Durchquere einen Sumpf in Eile. Vermeide Schluchten, Erdhöhlen und Spalten, die natürliche Fallgruben sind. Stützen sich die Truppen des Gegners beim Stehen auf ihre Waffen, so bedeutet dies, dass sie hungrig sind. Trinken sie sofort beim Wasserholen, so bedeutet dies, dass das gegnerische Heer an Durst leidet. Wenn die Truppen des Gegners die Nacht über laut sind, so bedeutet dies, dass sie Angst haben. Wenn der Gegner seine Reitpferde mit Hirse füttert, seine Packtiere aber ihres Fleisches wegen schlachtet und wenn die gegnerischen Soldaten weder ihre Kochtöpfe aufhängen noch in ihr Lager zurückkehren, so bedeutet dies, dass der Gegner in einer verzweifelten Lage ist.

IX 兵

Manövrieren

IX-1

Wenn es Zeit ist, sich dem Konkurrenzkampf zu stellen, beachten Sie folgende Regeln. Vermeiden Sie Hindernisse und Schwierigkeiten, gehen Sie sie nicht frontal an. Holen Sie sich die intelligentesten Mitarbeiter, organisieren Sie sie gut, schulen Sie sie gründlich und stellen Sie ihnen geeignete Arbeitsinstrumente zur Verfügung.

IX-2

Nehmen Sie keine heiklen Probleme in Angriff, ohne für sie gerüstet zu sein.

IX-3

Wenn Sie Ihr Team kurz vor der Konfrontation umorganisieren müssen, tun Sie es rasch. Sorgen Sie für eine stabile Organisationsform. Wenn sich Ihr Konkurrent an eine Umorganisation macht, greifen Sie ihn nicht gleich zu Beginn an, denn er wird zu seiner ursprünglichen Struktur zurückkehren, um Ihnen zu begegnen. Es ist vorteilhafter abzuwarten, bis seine Umstrukturierung zur Hälfte abgeschlossen ist. Dann ist seine Organisation in einem chaotischen Zustand.

IX-4

Nehmen Sie keine großen organisatorischen Veränderungen in Angriff, solange Sie mitten im harten Konkurrenzkampf stecken. Vertrauen Sie gängigen und leicht verständlichen Methoden und Vorgangsweisen. Schaffen Sie stabile Organisationsmuster und halten Sie an ihnen fest.

IX-5

Sorgen Sie für eine einfache und übersichtliche Administration. Verschwenden Sie keine Zeit mit unnützem Papierkram.

IX-6

Der Umgang mit der Konkurrenz wird Ihnen leichter fallen, wenn Ihre Emotionen, Ihre Organisation belastbar und Ihr Kundenkreis stabil sind.

IX-7

Es bedarf unterschiedlicher Strategien, um in unterschiedlichen Konkurrenzsituationen erfolgreich zu sein. Sorgen Sie jedoch in Konfliktsituationen so weit wie möglich für Stabilität. Handeln Sie unkompliziert und nachvollziehbar. Werden Sie von Positionen aus aktiv, die leicht zu verteidigen sind.

IX-8

Die meisten Teams lieben Stabilität. Ihre Mitarbeiter sind leistungsfähiger, wenn sie mit Methoden,

Vorgangsweisen und Arbeitsinstrumenten zu tun haben, die sie auch verstehen. Sie fühlen sich wohler, wenn sie wissen, was geschieht. Sie mögen es nicht, dass man sie im Unklaren lässt. Mitarbeiter, die sich wohl fühlen und ausgeglichen sind, sind instinktsicherer und intelligenter. Instinktsicherheit und Intelligenz sind zwei Schlüssel zum Erfolg im Wettbewerb.

IX-9

Sind Sie mit einer Herausforderung oder einem Hindernis konfrontiert, sollten Sie Ihren Mitarbeitern gegenüber die Vorteile herausstreichen, die ein Erfolg bieten würde. Motivieren Sie Ihre Mitarbeiter mit Ihrem Enthusiasmus.

IX-10

Auf diese Weise bezieht Ihr Team Kraft aus dem positiven Beispiel, das Sie ihm geben.

IX-11

Ihre Wettbewerbsfähigkeit leidet, wenn die Situation extrem wechselhaft oder ungewiss ist. Wenn Sie gezwungen sind, in einer sich rasch verändernden oder extrem ungewissen Situation zu arbeiten, warten Sie ab, bis sich alles wieder beruhigt hat. In jeder Wettbewerbssituation droht Gefahr von unüberprüften Annahmen oder Vermutungen, die allgemein für wahr gehalten werden. Diese Annahmen und Vermutungen bezeichne ich als „Volksweisheiten“. Hinterfragen Sie die Gültigkeit derartiger Volksweisheiten.

IX-12

Gehen Sie Volksweisheiten nicht auf den Leim! Legt Ihr Konkurrent seinen Aktivitäten Volksweisheiten zugrunde, bestärken Sie ihn so weit wie möglich in der Richtung, die er eingeschlagen hat. Die meisten Volksweisheiten sind unüberprüfbar, so dass der Gegner, der sie seiner Verteidigung zugrunde legt, höchst angreifbar ist.

IX-13

Wenn Sie den Konkurrenzkampf in einer Situation aufnehmen müssen, die die Bewegungen oder Taktiken Ihres Gegners nur unvollständig erkennen lässt, achten Sie besonders genau darauf, nicht in eine Falle oder einen Hinterhalt zu geraten. Hinterfragen Sie alles, was Ihnen ungewöhnlich erscheint!

IX-14

Wenn Ihr Konkurrent zur Offensive bereit wäre, sich aber dennoch ruhig verhält, dann verfügt er wahrscheinlich über einen entscheidenden Vorteil, der ihn in Sicherheit wiegt. Finden Sie diesen Vorteil heraus. Wenn Ihr Konkurrent für einen Konflikt nicht vorbereitet ist, Sie aber dennoch herausfordert, dann möchte er Sie aus Ihrer Verteidigungsstellung locken, um Sie angreifen zu können. Er tut dies deshalb, weil er eine Position besetzt hält, die ihm Vorteile bietet. Bringen Sie in Erfahrung, worum es sich handelt.

IX-15

Wenn am Markt unerklärliche Aktivitäten stattfinden und unter Ihren Kunden Unruhe aufkommt, könnte Ihre Konkurrenz im Hintergrund aktiv geworden sein.

IX-16

Wenn ein Konkurrent Ihnen Fallen stellt und Hindernisse in den Weg legt, versucht er, Sie zu verwirren. Wenn Kunden, die gewöhnlich kooperativ waren, plötzlich auf Distanz zu Ihnen gehen, bereitet sich Ihr Konkurrent auf einen Überraschungsangriff vor.

IX-17

Beobachten Sie das Team Ihres Konkurrenten genau! Entdecken Sie umfangreiche und scheinbar ziellose Aktivitäten, dann bereitet er sich möglicherweise auf ein Überraschungsmanöver vor. Ist das Aktivitätsniveau jedoch stabil und organisiert, bereitet er sich möglicherweise auf ein wohl durchdachtes Manöver vor. Halten Sie nach bestimmten Aktivitätsmustern Ausschau, die Ihnen Aufschluss darüber geben können, woher er seine Informationen bezieht.

IX-18

Wenn die Verlautbarungen Ihres Konkurrenten zurückhaltend klingen, er selbst sich aber zuversichtlich gibt, dann bereitet er einen Angriff vor.

IX-19

Wenn die Verlautbarungen Ihres Konkurrenten unpräzise, aber in einem aggressiven Ton gehalten sind, dann bereitet er sich auf den Rückzug vor.

IX-20

Wenn Ihr Konkurrent mit einem großzügigen Angebot an Sie herantritt, dann braucht er eine Ruhepause.

IX-21

Wenn Ihr Konkurrent ohne ersichtlichen Grund plötzlich Friedensverhandlungen vorschlägt, dann plant er eine Verschwörung.

IX-22

Wenn Ihr Konkurrent seine Ressourcen aggressiv in Stellung bringt, dann bereitet er sich auf eine Konfrontation vor.

IX-23

Wenn Ihr Konkurrent abwechselnd offensiv und defensiv vorgeht, dann versucht er, Sie aus der Reserve zu locken.

IX-24

Wenn Ihr Konkurrent zu Tricks und Ausflüchten Zuflucht nehmen muss, um seine Position zu sichern, dann kämpft er mit einem Engpass in seiner Versorgung.

IX-25

Hat Ihr Konkurrent einen offenkundigen Vorteil erkannt, greift aber dennoch nicht an, dann sind seine Kräfte erschöpft.

IX-26

Verliert sich Ihr Konkurrent in endlosen Diskussionen, dann ist er unsicher.

兵法

Sun Tzu sagt:
Im Krieg genügt nicht die größere Truppenstärke, um den Gegner zu überwinden. Es ist wichtig, nicht unüberlegt zu handeln. Wenn man die eigenen Kräfte auf wenige Punkte konzentriert, vermögen sie die des Gegners in Schach zu halten. Wenn man die Stärke des Gegners richtig einschätzt und seine Manöver sorgfältig studiert, wird man den Sieg erringen. Wenn man ihn jedoch leichtfertig unterschätzt und den Zweck seiner Manöver verkennt, wird man eine Niederlage erleiden.

IX-27

Wenn Ihr Konkurrent laut wird, dann hat er Angst.

IX-28

Wenn sich das Team Ihres Konkurrenten in hellem Aufruhr befindet, hat seine Führungskompetenz versagt.

IX-29

Wenn die Verlautbarungen Ihres Konkurrenten keinen Sinn ergeben, dann ist sein Denken wirr.

IX-30

Wenn die Vertreter Ihres Konkurrenten leicht die Nerven verlieren, stehen sie unter Stress.

IX-31

Wenn Ihr Konkurrent seine letzten Ressourcen in die Schlacht wirft, dann ist er verzweifelt.

IX-32

Wenn die Mitarbeiter Ihres Konkurrenten in kleinen Gruppen vertraulich miteinander flüstern, steht ihr Konkurrent im Begriff, ihre Loyalität zu verlieren.

IX-33

Wenn Ihr Konkurrent zu viele Belohnungen austeilt, hat er die Fähigkeit verloren, seine Mitarbeiter zu motivieren. Wenn Ihr Konkurrent seine Mitarbeiter zu häufig maßregelt, hat er die Kontrolle über sie verloren.

IX-34

Wenn Ihr Konkurrent seine Kunden öffentlich kritisiert, beweist er mangelnde Klugheit.

IX-35

Wenn sich Ihr Konkurrent der Konfrontation mit Ihnen stellt, als ob er für sie gerüstet wäre, aber weder angreift noch sich zurückzieht, dann sollten Sie sich unbedingt ein genaueres Bild von der Situation machen. Suchen Sie nach wichtigen Faktoren, die Sie übersehen haben könnten.

IX-36

Es bedarf nicht unbedingt der umfangreicheren Ressourcen, um sich in Konfliktsituationen behaupten zu können. Freilich sollte man seine Konkurrenten auch nicht unüberlegt herausfordern.

IX-37

Wenn Sie Ihre Ressourcen auf einen Punkt konzentrieren, die Stärke Ihres Konkurrenten richtig einschätzen und seine Aktivitäten genau beobachten, werden Sie erfolgreich sein. Wenn Sie jedoch seine Stärke unterschätzen und sich über Sinn und Zweck seiner Aktivitäten keine Gedanken machen, werden Sie nicht erfolgreich sein.

IX-38

Bei der Führung Ihrer Mitarbeiter sollten Sie darauf achten, jemanden nicht zu kritisieren, bevor Sie seine Loyalität gewonnen haben. Er würde sich Ihren Anweisungen widersetzen. Dasselbe wird geschehen, wenn Sie zwar seine Loyalität gewonnen, nicht aber auf seine Disziplin geachtet haben. Ohne Gehorsam ist es schwierig, Mitarbeiter effizient einzusetzen.

IX-39

Ihre Mitarbeiter werden daher nur dann effizient sein, wenn Sie sie in einer geeigneten Organisationsform führen und auf geeignete Weise für Disziplin gesorgt haben.

IX-40

Wenn Sie Ihre Mitarbeiter anhand klarer Zielvorgaben schulen und organisieren, werden Sie sich im Konkurrenzkampf voll und ganz auf sie verlassen können. Wenn Sie Ihr Team jedoch anhand vager Zielvorgaben schulen und organisieren, werden Sie sich nicht auf es verlassen können.

IX-41

Wenn die Zielvorgaben klar sind und die Organisationsstruktur für die Bewältigung der Aufgabe geeignet ist, werden Ihre Mitarbeiter Ihnen vertrauen.

Das Gelände

兵法

Sun Tzu sagt:
Wir bezeichnen das Gelände als offen, riskant, unzugänglich, eng, bergig oder abgelegen. Wenn die Truppen beider Seiten das Schlachtfeld ohne Mühe besetzen und wieder verlassen können, handelt es sich um offenes Gelände. Wenn unsere Truppen das Schlachtfeld zwar leicht besetzen, aber nur schwer wieder verlassen können, handelt es sich um riskantes Gelände. Wenn die Truppen beider Seiten das Schlachtfeld nur mit Mühe besetzen und wieder verlassen können, handelt es sich um unzugängliches Gelände. Der Zugang zu engen Schlachtfeldern führt über schwer passierbare Wege, etwa schmale Passstraßen oder tiefe Schluchten und ist schwierig. In bergigem Gelände besetzen wir zuerst die Anhöhen, sofern unsere Truppen als Erste ankommen. Abgelegene Schlachtfelder bergen Gefahren für beide Seiten.

X 兵

Arten von Konkurrenzsituationen und Ursachen für den Misserfolg

X-1

Wir bezeichnen die sechs Konkurrenzsituationen als offen, riskant, unentschieden, eingeschränkt, schwierig und spekulativ.

X-2

Wenn alle Konkurrenten Zugang zu einem bestimmten Kundenkreis haben, handelt es sich um eine offene Situation. In diesem Fall sollten Sie zuallererst versuchen, sich eine starke Ausgangsposition zu schaffen, die Ihnen später zugute kommen wird.

X-3

Wenn beide Seiten einen Wettbewerb mühelos aufnehmen, sich aus dem Engagement aber nur schwer wieder zurückziehen können, handelt es sich um eine riskante Situation. Ist Ihr Konkurrent unvorbereitet, können Sie ihn angreifen. Vergessen Sie aber nicht, dass Ihnen der Rückzug aus dem Engagement auch dann unmöglich sein könnte, wenn sie viel Geld oder Leute investiert haben. Es ist daher unklug, einen Mitbewerber herauszufordern, solange er darauf vorbereitet ist.

兵法

Sun Tzu sagt:
Die Ursachen für Niederlagen in Feldzügen liegen häufig in sechs Fehlern des kommandierenden Feldherrn. Diese Fehler sind Fahnenflucht, Disziplinlosigkeit, Erfolglosigkeit, Unbesonnenheit, Unordnung und Unfähigkeit. Wer kriegserfahren ist, greift erst dann an, wenn er über seinen Gegner Bescheid weiß; er wird nicht in die Lage geraten, den Rückzug antreten zu müssen. Daher heißt es: Erkenne den Gegner und dich selbst und du wirst siegen; erkenne auch die Jahreszeit und das Schlachtfeld und dein Sieg wird überwältigend sein.

X-4

Wenn beide Seiten nur mit Mühe einen Wettbewerb aufnehmen und wieder beenden können, besteht die Möglichkeit, dass beide Seiten Verluste erleiden werden. Fordern Sie einen auch noch so schwachen Konkurrenten so lange nicht heraus, als Sie nicht fest damit rechnen können zu gewinnen. Sie würden Ihre Ressourcen vergeuden. Sorgen Sie vielmehr dafür, dass Ihr Konkurrent *seine* Ressourcen vergeudet. Warten Sie ab, bis sich eine bessere Gelegenheit für eine Konfrontation bietet.

X-5

Beschränkte Märkte sind schwer zugänglich. Die erforderlichen technologischen Voraussetzungen, das nötige Know-how und die damit verbundenen finanziellen Belastungen können Sie vor große Herausforderungen stellen. Wenn es Ihnen gelingt, den betreffenden Kundenkreis *als Erster* zu erobern, sollten Sie Ihre Position sorgfältig absichern. Sie bringt Ihnen Vorteile und Sie können es sich leisten abzuwarten, bis Ihr Konkurrent aktiv wird. Hat sich aber Ihr Konkurrent in diesem Markt bereits festgesetzt, ist er im Vorteil. Greifen Sie ihn nicht an, bis er sich eine Blöße gibt.

X-6

Wenn beide Seiten ungehinderten Zugang zu einem Kundenkreis haben, in dem Sie aber bereits präsent sind, sollten Sie starke Verteidigungspositionen errichten und abwarten, dass Ihr Konkurrent aktiv wird. Hat hingegen Ihr Konkurrent eine starke Verteidigungsposition eingenommen, sorgen Sie dafür, dass er für die Verteidigung seines Territoriums viel Zeit und Geld verschwendet. Verfolgen Sie ihn aber nicht sofort, wenn er sich zurückzieht. Es könnte eine Falle sein.

X-7

Zu spekulativen Konkurrenzsituationen kommt es dann, wenn um bedeutende und einträgliche Kunden gekämpft wird, die nur wenig bekannt oder weit entfernt sind. Diese Situationen sind für beide Seiten gleichermaßen riskant, da sie Aktivitäten erfordern können, deren Kosten und Konsequenzen schwer vorhersehbar sind. In einer spekulativen Konkurrenzsituation ist es gewöhnlich schwierig, Rahmenbedingungen zu schaffen, unter denen Sie gewinnen können. Daher ist es im Allgemeinen nicht ratsam, aktiv zu werden.

X-8

Dies sind die Gesetze der sechs verschiedenen Arten von Konkurrenzsituationen. Wenn ein Manager beabsichtigt, seine Ressourcen für die Verwirklichung eines bestimmten Zieles einzusetzen, sollte er sorgfältig überprüfen, ob die geplante Kampagne mit diesen Gesetzen im Einklang steht.

X-9

Misserfolge im Konkurrenzkampf sind häufig auf sechs Ursachen zurückzuführen. Diese Ursachen sind nicht vom Schicksal vorherbestimmt, sondern liegen in Managementfehlern. Sie sind: unzureichende Ressourcen, unzureichende Führungskompetenz, unzureichende Leistung, unzureichende Disziplin, unzureichende Ordnung und unzureichende Kompetenz.

X-10

Wenn ein Manager unter sonst gleichen Bedingungen einer unzureichend ausgerüsteten, versorgten, ausgebildeten, organisierten oder finanzierten Gruppe den Auftrag gibt, in Konkurrenz mit einer anderen Gruppe zu treten, die all diesen Anforderungen genügt, so liegt die Ursache des zu erwartenden Misserfolgs in einem Mangel an Ressourcen.

X-11

Sind die Mitglieder einer Gruppe zielbewusst, ihre Führungskräfte aber schwach, so liegt die Ursache des Misserfolges in unzureichender Führung.

X-12

Sind die Führungskräfte einer Gruppe zielbewusst, ihre Mitglieder aber mangelhaft ausgebildet oder demotiviert, so liegt die Ursache des Misserfolgs in unzureichender Leistung.

X-13

Sind Projektmanager ärgerlich oder misstrauisch oder werden sie emotionell und gehen gegen die Konkurrenz vor, ohne den Auftrag dafür erhalten zu haben, dann liegt die Ursache des Misserfolgs in mangelnder Disziplin.

X-14

Ist der leitende Manager schwach und verfügt er über keinerlei persönliche Autorität, ist er nicht imstande, seine Mitarbeiter zu motivieren oder für eine gründliche Ausbildung zu sorgen, oder ist die Arbeitsaufteilung unklar und die Organisationsstruktur vage, dann liegt die Ursache für den Misserfolg in einem Mangel an Ordnung.

X-15

Ist der leitende Manager nicht fähig, erfolgversprechende Operationspläne zu entwickeln, missdeutet er die Aktionen der Konkurrenz oder unterschätzt er die zur Bewältigung einer Aufgabe notwendigen Ressourcen, dann liegt die Ursache des Misserfolgs in mangelnder Kompetenz.

X-16

Diese sechs Umstände führen zum Misserfolg. Jeder Manager sollte sich sorgfältig mit ihnen befassen und an sich selbst arbeiten, um sie auszumerzen.

X-17

Der kluge Manager macht die Konkurrenzsituation zu seiner Verbündeten. Er kennt die Kunden, seinen Gegner, sich selbst und die Umstände, mit denen beide Seiten zu tun haben, und hat daher den Sieg in der Hand; er schätzt die mit den jeweiligen Strategien verbundenen Schwierigkeiten richtig ein und veranschlagt die nötigen Ressourcen. Er entscheidet rechtzeitig, welche Faktoren er sofort beachten muss und mit welchen er sich auch später befassen kann. Er kennt die Stärken, Schwächen und Fähigkeiten der Personen, die in der gegebenen Situation eine Rolle spielen – sowohl im eigenen Team als auch im Team seines Gegners. Der kluge Manager ist erfolgreich, weil er sich die Zeit nimmt, all dies in Erfahrung zu bringen und sein Wissen so anzuwenden, dass er sich die Chancen, die er entdeckt, auch zunutze machen kann.

X-18

Wenn daher der leitende Manager davon ausgeht, dass ein Erfolg wahrscheinlich ist, sollte er aktiv werden, auch wenn seine Berater anderer Meinung sind. Sieht er jedoch einen Misserfolg voraus, sollte er einen Schlussstrich ziehen, auch wenn seine Berater aktiv werden wollen.

X-19

Ein Manager, der sich dem Konkurrenzkampf stellt, ohne persönliches Prestige gewinnen zu wollen, der handelt, ohne sich seiner Verantwortung zu entziehen, und dessen einziges Ziel es ist, seinen Kunden und seiner Organisation nützlich zu sein, ist das wertvollste Kapital seiner Firma.

X-20

Behandeln Sie die Teilhaber Ihrer Gesellschaft so, als gehörten sie zu Ihrer Familie, und sie werden alles für Sie tun. Behandeln Sie sie wie liebe Freunde und sie werden es Ihnen mit Loyalität vergelten.

X-21

Wenn Sie jedoch mit Ihren Teilhabern und Angestellten so großzügig sind, dass sie Ihrer Kontrolle entgleiten, so freundlich, dass Sie sie nicht mehr organisieren oder steuern können, wenn sie die Orientierung verloren haben, dann sind sie wie verwöhnte Kinder. Es ist unmöglich, verwöhnte Kinder effizient einzusetzen.

X-22

Warten Sie den richtigen Zeitpunkt ab, um aktiv zu werden: Wenn ich zwar weiß, dass mein Team über die für einen Erfolg nötigen Ressourcen verfügt, nicht aber, ob mein Konkurrent Angriffsflächen bietet, dann ist mir der Sieg zur Hälfte sicher.

X-23

Wenn ich zwar weiß, dass mein Konkurrent Angriffsflächen bietet, nicht aber, ob mein Team über die für einen Erfolg nötigen Ressourcen verfügt, dann ist mir der Sieg zur Hälfte sicher.

X-24

Wenn ich zwar weiß, dass mein Konkurrent Angriffsflächen bietet und dass mein Team über die für einen Erfolg nötigen Ressourcen verfügt, nicht aber, ob die Konkurrenzsituation so günstig ist, dass ich gewinnen kann, dann ist mir der Sieg ebenfalls zur Hälfte sicher.

X-25

Erfolgsgewohnte Manager werden daher erst aktiv, nachdem sie sich gründlich informiert haben; aus diesem Grund werden sie auch nie in die Lage kommen, den Rückzug antreten zu müssen.

X-26

Erkennen Sie Ihren Gegner und sich selbst, und Sie werden keine Misserfolge erleiden; erkennen Sie auch die Konkurrenzsituation und die in Frage kommenden Kunden, dann wird Ihr Erfolg überwältigend sein.

Die neun Geländearten

兵法

Sun Tzu sagt:
Es kommt auf die Lage des Schlachtfeldes an, ob es besser ist, vorzurücken oder sich zurückzuziehen. Kämpfe nicht, wenn das Heer in unübersichtlichem Gelände zersprengt wurde. Lass die Verbindung zwischen den Truppenteilen nicht abreißen, solange deine Kräfte noch ungebunden sind. Greife auf einem umkämpften Gelände nicht an. In einem offenen Gelände widme deine Aufmerksamkeit der Verteidigung. In einem von Straßen durchschnittenen Gelände sichere die Verbindung mit deinen Verbündeten. In einem schwierigen Gelände besetze die strategischen Punkte. Sperre die Durchgänge, wenn Einschließung droht. Und im Gelände des Todes mach den Soldaten klar, dass sie um ihr Leben kämpfen müssen.

XI 兵

Rahmenbedingungen des Konkurrenzkampfs und offensive Strategien

XI-1

Um die Grundsätze offensiver Strategien erfolgreich anwenden zu können, bedarf es zunächst einer Analyse der Konkurrenzsituation. Es hängt von der Konkurrenzsituation ab, ob es besser ist, aktiv zu werden oder sich zurückzuziehen. Es hängt von der Konkurrenzsituation ab, auf welche Weise wir unsere Ressourcen am effizientesten einsetzen können. Die verschiedenen Arten von Situationen müssen gewissenhaft studiert werden.

XI-2

Versucht ein Konkurrent, uns anzugreifen, bevor wir unsere Ressourcen sammeln konnten, sind wir in einer *unübersichtlichen Situation*.

XI-3

Sind wir auf feindliches Gebiet vorgestoßen und haben nur wenige Ressourcen verbraucht, sind wir in einer *ungebundenen Situation*.

XI-4

Versuchen wir, eine Schlüsselposition zu besetzen, die auch für unseren Konkurrenten von großer Bedeutung wäre, sind wir in einer *Konfliktsituation*.

XI-5

Können wir ohne große Mühe vorrücken und uns zurückziehen und kann auch die Konkurrenz ohne große Mühe vorrücken und sich zurückziehen, sind wir in einer *offenen Situation*.

XI-6

Beherrscht die strategische Position, die wir einnehmen möchten, mehrere einander überschneidende Kundenkreise und ermöglicht sie uns den Zugriff auf die Ressourcen all dieser Kundenkreise, sind wir in einer *komplexen Situation*.

XI-7

Sind wir tief in feindliches Terrain vorgedrungen und haben dabei einen Großteil unserer Ressourcen verbraucht, sind wir in einer *kritischen Situation*.

XI-8

Sind noch technische, finanzielle oder organisatorische Schwierigkeiten zu überwinden oder ist der Zugang zum angestrebten Kundenkreis durch größere Hindernisse verstellt, sind wir in einer *blockierten Situation.*

XI-9

Haben wir unsere Ressourcen für die Eroberung eines neuen Kundenkreises aufgebraucht und können die Investitionen nur schwer wieder hereinbekommen, während die Konkurrenz unsere Position angreifen kann, sind wir in einer *Situation, in der Umzingelung droht.*

XI-10

Können wir nur dann überleben, wenn wir sofort angreifen und gewinnen, gingen aber zugrunde, wenn wir zögerten, sind wir in einer *Situation, in der der Tod droht.*

XI-11

Kämpfen Sie nicht in einer *unübersichtlichen Situation*. Konzentrieren Sie Ihre Ressourcen, um Ihre Effizienz zu steigern. Richten Sie Ihre Ressourcen in einer *ungebundenen Situation* auf das Ziel aus, das Sie erreichen möchten.

XI-12

Greifen Sie in einer *Konfliktsituation* nicht an. Interessieren Sie sich für die Schwachstellen Ihres

Konkurrenten und schaffen Sie sich eine gute Ausgangsposition, bevor Sie Ihre Ressourcen einsetzen. Bleiben Sie in einer *offenen Situation* wachsam. Achten Sie auf Ihre Verteidigung.

XI-13

Sichern Sie in einer *komplexen Situation* die Verbindung zu Ihren Verbündeten. Besetzen Sie in einer *kritischen Situation* zuallererst die strategischen Positionen. Sorgen Sie dafür, dass Ihre technischen, finanziellen und organisatorischen Ressourcen ausreichen.

XI-14

In einer *blockierten Situation* sollten Sie darauf achten, die Schwierigkeiten und Hindernisse rasch zu überwinden. In einer *Situation, in der Umzingelung droht*, sollten Sie Ihrem Konkurrenten die Möglichkeit zum Angriff nehmen, indem Sie ihm den Zugang zu Ihren Kunden versperren. Verfolgen Sie eine Strategie, die Ihnen die Chance bietet, der Umzingelung zu entkommen. In einer *Situation, in der der Tod droht*, sollten Sie die Möglichkeit ins Auge fassen, dass Sie nicht überleben werden. Gehen Sie rasch vor und setzen Sie Ihre Ressourcen für einen schnellen Sieg ein. Wehren Sie sich gegen einen langsamen Tod.

法兵

Sun Tzu sagt:
Die Aufgabe des Befehlshabers ist es, seine Truppen zu sammeln und an den gefährdeten Punkten aufzustellen. Führe deine Truppen mit Taten und nicht mit Worten. Wer gut Krieg führt, gleicht der Schlange Schwai-schan. Die Schlange Schwai-schan lebt in den Bergen von Tschang-schan. Schlägt man sie auf den Kopf, wehrt sie sich mit dem Schwanz. Schlägt man sie auf den Schwanz, wehrt sie sich mit dem Kopf. Schlägt man sie auf den Leib, wehrt sie sich mit Kopf und Schwanz zugleich. Auf diese Weise sorgt der geschickte Feldherr dafür, dass seine Soldaten einander so helfen, wie die linke Hand der rechten Hand hilft.

XI-15

Kluge Manager verhalten sich in Konkurrenzkämpfen so, dass es für Ihre Konkurrenten sehr schwierig wird, ihre Positionen an allen Fronten zugleich zu verteidigen, ihre Ressourcen koordiniert einzusetzen, die Schwachstellen ihrer Organisation zu beseitigen oder mit ihren Kunden zu kommunizieren.

XI-16

Sind die Ressourcen des Konkurrenten über mehrere Punkte verstreut, verhindert der kluge Manager, dass er sie auf einen Punkt konzentriert. Sind seine Ressourcen auf einen Punkt konzentriert, verhindert der kluge Manager, dass er sie koordiniert.

XI-17

Der kluge Manager baut seine Position nur unter günstigen Bedingungen aus; sind sie ungünstig, stoppt er den Vormarsch.

XI-18

Sie werden fragen: „Wie kann ich mit einem gut vorbereiteten und gut geführten Konkurrenten fertig werden, der gegen mich den Kampf eröffnet?“ Die Antwort lautet: „Bringen Sie etwas in Ihren Besitz, das ihm erstrebenswert erscheint. Dann wird er sich unterwerfen.“

XI-19

Für den Erfolg im Konkurrenzkampf ist Schnelligkeit das Wichtigste. Machen Sie sich die Situation zunutze, bevor Ihr Konkurrent auf den Plan tritt. Profitieren Sie von seiner mangelnden Vorbereitung. Greifen Sie ihn an seinem schwächsten Punkt an.

XI-20

Der Konkurrenzkampf wird im Allgemeinen nur dann erfolgreich sein, wenn sich Ihre Mitarbeiter für ihn voll und ganz engagieren. Engagierte Menschen werden durch ein gemeinsames Vorhaben geeint. Wenn sie geeint sind, kann ihnen kein Verteidiger standhalten. Es liegt in der Natur des Menschen, mit allen Kräften das Erreichen des Zieles anzustreben, dem er sich verschrieben hat. Bringen Sie Ihre Organisation in eine Situation, in der die einzelnen Mitarbeiter keine andere Wahl haben, als sich für Ihre Ziele zu engagieren, und Sie werden weit über alle Erwartungen hinaus erfolgreich sein.

XI-21

Studieren Sie die Methoden Ihres Konkurrenten, wenn Sie einen neuen Markt erschließen. Machen Sie sich seine Erfahrungen zunutze, um Fehler zu vermeiden.

XI-22

Behandeln Sie Ihre Mitarbeiter gut. Schonen Sie ihre Energien. Pflegen Sie ihre Arbeitsmoral. Überlasten Sie sie nicht unnötig. Planen Sie sorgfältig, wie Sie Ihre Leute einsetzen. Auf diese Weise werden Sie in der Lage sein, auch unerwartete Chancen rasch wahrzunehmen.

XI-23

Führen Sie Ihre Organisation in die von Ihnen bestimmte Richtung. Lassen Sie Ihren Mitarbeitern keine Alternative – entweder sie erreichen die von Ihnen vorgegebenen Ziele oder sie scheitern. Denn welcher vertrauenswürdige Mensch würde nicht alles tun, um ein Scheitern zu verhindern, wenn es keine andere Alternative gibt? Wenn sich vertrauenswürdige Menschen für etwas engagieren, fürchten sie den Misserfolg nicht. Sie konzentrieren sich auf ein gemeinsames Ziel und handeln besonnen. Sie identifizieren sich mit ihrer Arbeit und haben keine andere Wahl, als erfolgreich zu sein.

XI-24

Unter diesen Bedingungen bleiben vertrauenswürdige Mitarbeiter stets wachsam und umsichtig. Sie bleiben auch ohne Beaufsichtigung bei der einmal eingeschlagenen Vorgangsweise. Sie geben auch ohne überflüssige Versprechen und Garantien ihr Bestes.

XI-25

An dem Tag, an dem ein größeres Projekt gestartet wird, kann es vorkommen, dass sich auch vertrauenswürdige Mitarbeiter beklagen, weil sie wissen, wie viel Arbeit auf sie zukommt.

XI-26

Aber wenn sie mit dem Rücken zur Wand stehen, werden sie alle Erwartungen übertreffen, weil sie sich Ihren Zielen verschrieben haben.

XI-27

Sie werden fragen: „Können auch die Mitarbeiter meiner Organisation engagiert und kooperativ werden?“ Die Antwort lautet: Gewiss. Es ist normal, dass die Mitglieder einer Organisation mitunter verschiedener Meinung sind. Aber setzen Sie sie gemeinsam bei stürmischer See in ein Rettungsboot und sie werden einander beim Kampf ums Überleben so helfen, wie die rechte Hand der linken hilft.

XI-28

Sobald Sie die Leitung einer gegen die Konkurrenz gerichteten Kampagne übernommen haben, werden Sie Ihren Erfolg nicht mehr von einer großen Organisation oder massiver finanzieller Unterstützung abhängig machen können.

XI-29

Ziel Ihrer Menschenführung sollte sein, Ihre Mitarbeiter zu gemeinsamer Arbeit an der Verwirklichung der gesteckten Ziele zu bewegen. Die genaue Kenntnis der Konkurrenzsituation wird Ihnen Aufschluss darüber geben, wie Sie mit den stärkeren und den schwächeren Teilen Ihrer Organisation umgehen müssen, damit alle gemeinsam an der Erreichung des Ziels mitarbeiten können.

XI-30

Der Schlüssel zum Erfolg ist die Zusammenarbeit aller Mitglieder der Organisation. Der kluge Manager schafft ein Zusammengehörigkeitsgefühl durch Engagement; auf diese Weise ist er in der Lage, die ganze Organisation so zu führen, als würde er nur eine einzige Person führen. Dies wird ihm gelingen, wenn er seine Strategie im Verborgenen plant und ihre Ausführung mit klaren und unmissverständlichen Anweisungen begleitet.

XI-31

Er lässt nicht zu, dass jedes Mitglied der Organisation die Details seiner Pläne kennt. Auf diese Weise verhindert er, dass sein Konkurrent vorgewarnt wird.

XI-32

Er lässt unter seinen Kunden keine Gerüchte und Spekulationen hochkommen. Auf diese Weise sorgt er dafür, dass Konzentration und Arbeitsmoral seiner Mitarbeiter nicht beeinträchtigt werden.

XI-33

Er ändert seine Entscheidungen und variiert seine Methoden. Auf diese Weise sind die Richtung, die er einschlägt, und die Ziele, die er verfolgt, für niemanden vorhersehbar.

XI-34

Er modifiziert seine Positionen und nimmt mitunter auch Umwege in Kauf. Auf diese Weise wird sein Konkurrent den Sinn seiner Offensive erst dann begriffen haben, wenn es bereits zu spät ist.

XI-35

Es ist die Aufgabe des leitenden Managers, seine Ressourcen und Mitarbeiter auf gemeinsame, von ihm vorgegebene Ziele auszurichten und in eine Situation zu bringen, in der sie sich mit Leib und Seele diesen Zielen verschreiben müssen.

XI-36

Er muss seine Organisation in eine Lage bringen, in der nur Höchstleistungen zum Erfolg führen. Er schafft eine Situation, in der völliger Erfolg oder völliger Misserfolg die einzigen Optionen sind. Er führt seine Organisation in die Offensive und bricht daraufhin die Brücken hinter ihr ab. Einem gemeinsamen Engagement kann sich niemand entziehen.

XI-37

Er führt seine Organisation die Leiter der hohen Erwartungen hinauf und stößt die Leiter um, sobald er den Zeitpunkt für richtig hält.

XI-38

Auf diese Weise werden die Mitarbeiter den Anweisungen des Managers auch dann gehorchen wie die

Schafe dem Schäfer, wenn die Organisation mit den Details seines Plans nicht vertraut ist.

XI-39

Verbünden Sie sich nicht mit denen, die sich den Herausforderungen des Konkurrenzkampfes nicht stellen wollen. Wer sich der Chancen und Hindernisse nicht bewusst ist, ist zur Führung einer Organisation nicht geeignet. Wer weder Spezialisten noch Berater beschäftigt, ist nicht fähig, sich die Schwächen seines Konkurrenten zunutze zu machen oder auf unerwartete Umstände zu reagieren. Wer nicht weiß, wie man mit den verschiedenen Konkurrenzsituationen umgeht, wird erfolglos bleiben.

XI-40

Wenn ein kluger Manager sich auf das Terrain eines Konkurrenten begibt, lässt er nicht zu, dass dieser seine Kräfte mit denen seiner Verbündeten vereinigt. Er zwingt dem Konkurrenten seinen Willen auf. Er lässt nicht zu, dass sich sein Konkurrent auf die Kräfte anderer verlassen kann.

XI-41

Auch hält er sich nicht an Volksweisheiten. Sein Wille zum Erfolg ist so stark, dass er nur an der Brauchbarkeit von Fakten in Hinblick auf gute Ergebnisse interessiert ist.

XI-42

Teilen Sie, wenn Sie eine Führungsposition einnehmen, Belohnungen aus, die niemand sonst geben kann. Entwickeln Sie Pläne, die noch nie dagewesen sind. Auf diese Weise werden Ihre Mitarbeiter Ihre Sicht der Dinge teilen. Sie werden die ganze Organisation so führen, als würden Sie eine einzige Person führen.

XI-43

Führen Sie Ihre Mitarbeiter durch Ihr Vorbild, nicht durch Worte. Motivieren Sie sie durch Aussicht auf Profit. Verschweigen Sie ihnen die Risiken, die eingegangen werden müssen. Bringen Sie sie in eine Situation, in der sie nur zwischen Engagement oder Misserfolg wählen können, nichts sonst. Wenn vertrauenswürdige Menschen vor dieser Wahl stehen, werden sie all ihre Kräfte mobilisieren, um erfolgreich zu sein.

XI-44

Schaffen Sie günstige Rahmenbedingungen, indem Sie zunächst vorgeben, mit den Vorstellungen Ihres Konkurrenten übereinzustimmen.

XI-45

Wiegen Sie Ihren Konkurrenten im Glauben, Sie würden der von ihm bestimmten Richtung folgen. Zerstreuen Sie seine Befürchtungen. Auf diese Weise werden Sie sich gegen Ihre Konkurrenz durchsetzen können, wenn Sie an die Verwirklichung Ihrer sorgfältig durchdachten Pläne gehen.

XI-46

Sorgen Sie für strikte Geheimhaltung, sobald der Konkurrenzkampf begonnen hat. Fordern Sie rasche Entscheidungen von den Verantwortlichen, damit Sie agieren können.

XI-47

Ziehen Sie rasch einen Vorteil daraus, wenn sich Ihr Konkurrent eine Blöße gibt. Bringen Sie das in Ihren Besitz, was für Ihren Konkurrenten am wertvollsten ist. Sorgen Sie dafür, dass Ihr Konkurrent in Übereinstimmung mit Ihrem Zeitplan reagiert.

XI-48

Passen Sie Ihre Strategie an die Aktivitäten der Konkurrenz an. Bringen Sie sich in eine Position, die Ihnen die Eroberung wesentlicher Marktanteile ermöglicht.

XI-49

Beginnen Sie mit Ihren Aktivitäten still und im Geheimen. Handeln Sie rasch, wenn Ihr Konkurrent eine Schwäche zeigt. Auf diese Weise wird er nicht imstande sein, zeitgerecht zu reagieren.

Das Feuer als Angriffswaffe

法 兵

Sun Tzu sagt:
Es gibt fünf Möglichkeiten für den Gebrauch des Feuers als Angriffswaffe: erstens, um Menschen zu verbrennen, zweitens, um Vorräte zu verbrennen, drittens, um den Tross zu verbrennen, viertens, um Waffenlager zu verbrennen, und fünftens, um Transportmittel zu verbrennen. Die erforderlichen Feuermittel sollen ständig bereitliegen. Feuer greifen dann am raschesten um sich, wenn das Wetter trocken ist und die Sternbilder Sieb, Wand, Flügel oder Großer Wagen zu sehen sind. Es ist klug, das Feuer als Angriffswaffe zu gebrauchen. Auch Wasser vermag dem Angriff große Hilfe zu leisten, obwohl es die Truppen des Feindes nur trennen oder einschließen kann; das Feuer kann sie aber vernichten.

XII 兵

Angriffe auf den Ruf eines Konkurrenten

XII-1

Der Versuch, den Ruf eines Konkurrenten zu ruinieren, ist die am wenigsten empfehlenswerte und gefährlichste Strategie im Konkurrenzkampf. Sie ist allerdings ungemein wirkungsvoll. Es gibt fünf Bereiche, gegen die sich derartige Angriffe richten können: persönliche Beziehungen oder Beziehungen der Mitarbeiter, Produkte der Organisation oder Leistungen einzelner Mitarbeiter, Kunden oder Angestellte, Lieferanten sowie Kapitalausstattung bzw. finanzieller Hintergrund.

XII-2

Ihr Konkurrent muss eine offenkundige Schwachstelle haben, die stärker betont und der Öffentlichkeit präsentiert werden kann, bevor sie versuchen können, seinen Ruf zu schädigen.

XII-3

Darüber hinaus müssen die zur Verwirklichung Ihres Vorhabens notwendigen Fakten und Ressourcen bereitliegen.

XII-4

Bei Angriffen auf den Ruf eines Konkurrenten kommt es auf das jeweilige politische und ökonomische Umfeld an. Die negativen Schlagzeilen müssen von den politischen und ökonomischen Strömungen getragen werden, damit der Schaden um sich greifen kann.

XII-5

Der Zeitpunkt für eine Kampagne, mit der der Ruf eines Konkurrenten geschädigt werden soll, ist günstig, wenn er auf politischer oder ökonomischer Ebene mit anderen Schwierigkeiten konfrontiert ist. Dies ist vor allem dann der Fall, wenn er Probleme mit seinem Kundenkreis hat, für die noch kein geeigneter Sündenbock gefunden wurde.

XII-6

Um den Ruf eines Konkurrenten gründlich ruinieren zu können, müssen Sie Ihre Aufmerksamkeit auf eines der fünf Angriffsziele richten und Ihren Angriff darauf abstimmen.

XII-7

Versuchen Sie zunächst, unter den loyalsten Kunden Ihres Konkurrenten eine Vertrauenskrise herbeizuführen. Dies ist die wirksamste Methode. Kommt es spontan zu einer derartigen Krise, setzen Sie sofort nach und erzeugen Sie Druck von außen. Sind Sie aber nicht in der Lage, eine derartige Krise herbeizuführen, und bleibt Ihr Konkurrent gelassen, üben Sie nicht allzu starken Druck auf ihn aus.

XII-8

Sorgen Sie statt dessen dafür, dass die Kampagne so viel Schaden wie möglich anrichtet. Greifen Sie an, sobald sich eine Chance bietet oder er sich eine Blöße gibt; ist dies nicht der Fall, schieben Sie den Angriff auf.

XII-9

Wenn Sie sich dazu entschlossen haben, den Ruf eines Konkurrenten zu ruinieren, und der Zeitpunkt dafür günstig ist, starten Sie die Kampagne auch dann, wenn Sie außerhalb seines Kundenkreises ansetzen müssen. Es ist nicht immer möglich, nahe genug an einen Konkurrenten heranzukommen, vor allem dann nicht, wenn er klug ist.

XII-10

Der Versuch, den Ruf eines Konkurrenten zu ruinieren, ist äußerst riskant. Vergewissern Sie sich, sobald Sie eine destruktive Kampagne gestartet haben, dass Sie nicht selbst in ihren Sog geraten und in Bedrängnis kommen können.

XII-11

Darüber hinaus werden sich die politischen und ökonomischen Strömungen sehr wahrscheinlich wieder verlagern, nachdem sie eine Zeitlang eine bestimmte Richtung genommen haben. Seien Sie darauf vorbereitet, Ihre Taktik zu verändern oder die Kampagne überhaupt zu stoppen, sofern sich das Umfeld zu Ihren Ungunsten verändert.

XII-12

Alle Manager sollten mit den fünf möglichen Zielen einer derartigen Kampagne vertraut sein. Sie sollten in der Lage sein, sich gemäß der jeweiligen strategischen Situation selbst zu verteidigen oder andere anzugreifen.

XII-13

Angriffe auf den Ruf eines Konkurrenten sind eine geeignete Methode, um ihm nachhaltige Niederlagen zu bereiten. Für andere Konkurrenzstrategien bedarf es eines massiven Einsatzes von Ressourcen und ihre Ergebnisse sind auch dann, wenn sie erfolgreich sind, nicht immer von Dauer.

XII-14

Den Ruf Ihres Konkurrenten zu ruinieren wird Ihnen hingegen möglicherweise nicht mehr kosten als ein paar gut platzierte Wörter. Und, was noch wichtiger ist: Ein ruinierter Ruf ist nicht leicht wiederherzustellen.

法兵

Sun Tzu sagt:
Greife den Gegner nicht an, solange du keinen Vorteil siehst. Setze deine Ressourcen nicht ein, solange kein entsprechender Gewinn in Aussicht ist. Kämpfe nicht, solange keine Gefahr besteht. Ein Herrscher darf nicht aus Zorn zu den Waffen greifen. Ein Feldherr darf den Kampf nicht aus blindem Zorn aufnehmen. Marschiere, wenn es von Vorteil ist; wenn nicht, verharre an Ort und Stelle. Ein kluger Herrscher ist daher vorsichtig, ein großer Befehlshaber nimmt sich in Acht. Das ist der Weg, um den Staat in Frieden und seine Truppen unversehrt zu erhalten.

XII-15

Es ist ein großes Unglück, wenn man zwar die Situation in der Hand hat, aber nicht in der Lage ist, von seinem Sieg zu profitieren. Betreibt man den Konkurrenzkampf um des Konkurrenzkampfes willen, vergeudet man seine Zeit und seine Ressourcen und geht unabsehbare Risiken ein.

XII-16

Der kluge Manager wägt daher schon im Vorhinein die Vorteile ab, die ihm eine derartige Offensive bietet. Er nimmt den Kampf auf, wenn er es für angemessen hält.

XII-17

Greifen Sie den Ruf Ihres Konkurrenten nur dann an, wenn Sie davon profitieren können. Setzen Sie Ihre Ressourcen nur dann ein, wenn ihnen ein entsprechender Gewinn gegenübersteht. Gehen Sie nur dann aggressiv vor, wenn Sie selbst bedroht sind.

XII-18

Ein Manager sollte den Konkurrenzkampf nicht aus emotionalen Gründen aufnehmen. Er sollte nicht aus Zorn attackieren. Werden Sie aktiv, wenn die Situation erfolgversprechend ist; andernfalls handeln Sie nicht. Freilich stimmt es, dass Gefühle wieder zu Vernunft werden können und Zorn sich in Freude verwandeln kann; unbestritten ist aber auch, dass ein ruinierter Ruf nicht wiederhergestellt und eine tote Organisation nicht wieder zum Leben erweckt werden kann.

XII-19

Der kluge Manager agiert daher vernünftig und umsichtig. Auf diese Weise minimiert er seine Schwächen, erhält seinen guten Ruf und fügt der Organisation, für die er arbeitet, keinen Schaden zu.

Der Einsatz von Spionen

兵法

Sun Tzu sagt:
Ein Befehlshaber, der sich den Krieg zunutze macht, um persönlichen Ruhm und Reichtum zu erlangen, aber kein Geld für Informationen über den Gegner ausgibt, ist kein wahrer Feldherr. Weise Herrscher und kluge Feldherren errangen Siege, vollbrachten Heldentaten und waren den anderen überlegen, weil sie alles schon vorher wussten. Wertvolle Nachrichten über den Gegner kann man nur von Menschen erlangen, die ihn aus persönlicher Erfahrung kennen. Es werden fünf Arten von Spionen eingesetzt: ortsansässige Spione, innere Spione, zurückkehrende Spione, Spione, die in die Irre führen, und ständige Spione.

XIII 兵

Taktische Aufklärung

XIII-1

Setzt man in einer Konkurrenzsituation seine Ressourcen in einem bestimmten Bereich ein, muss man sie aus anderen Bereichen abziehen. Kapital und Arbeitskraft, die für die Bewältigung eines Konfliktes verwendet werden, stehen für andere Konflikte nicht mehr zur Verfügung.

XIII-2

Konkurrenzsituationen, in denen die Konkurrenten versuchen, sich in günstige Positionen für die entscheidende Konfrontation zu bringen, können Jahre dauern. Der Grund, warum kluge Manager sich durchsetzen, große Erfolge erringen und anderen überlegen sind, liegt darin, dass sie als Erste im Besitz entscheidender Informationen sind: Sie kennen die Absichten, Ressourcen und Aktivitäten ihrer Konkurrenten. Sie sind mit der Denkweise der von ihnen angestrebten Kundenschichten vertraut. Sie sind erfolgreich, weil sie die Konkurrenz über ihre eigenen Absichten und Umstände im Unklaren lassen.

XIII-3

An derartige wichtige Vorausinformationen gelangt man nicht durch Wunschdenken oder Vermutungen. Sie können weder durch die Analyse vergangener Ereignisse oder Aktivitäten noch durch die Ermittlung, Sammlung und Bearbeitung von Daten zu Demographie oder Marktsituation ersetzt werden. Wirklich brauchbare Vorausinformation stammt von Leuten, die unmittelbare und persönliche Erfahrung mit der Konkurrenz und den Kunden haben.

XIII-4

Derartige Spionagetätigkeiten haben zwei Ziele. Das erste Ziel sind zuverlässige und zeitgerecht verfügbare Informationen über die Absichten, Ressourcen und Aktivitäten der Konkurrenten und ihrer Kunden. Das zweite Ziel ist die Versorgung der Konkurrenz mit glaubwürdigen, aber irreführenden Informationen über Ihre eigenen Absichten, Ressourcen und Aktivitäten. Für die Einholung und Übermittlung derartiger Informationen stehen vier Informationsquellen zur Verfügung: allgemeine Informationsquellen, interne Informationsquellen, Doppelagenten und Maulwürfe.

XIII-5

Wenn Sie sich dieser vier Informationsquellen bedienen, wird niemand wissen, woher Sie diese Informationen beziehen und wie Sie sie übermittelt bekommen. Damit entsteht ein mächtiges, aber geheimnisvolles Informationsnetzwerk. Ein derartiges Netzwerk ist die größte Trumpfkarte in der Hand des leitenden Managers.

XIII-6

Allgemeine Informationsquellen sind in den meisten Branchen leicht zugänglich. Sie umfassen zum Beispiel Teilnehmer an Messen und Kongressen, Angestellte der Konkurrenz in niedrigen Funktionen, Wirtschaftszeitungen und -zeitschriften, Vertreter eines Herstellers oder die Werbung. Allgemeine Informationsquellen eignen sich hervorragend für die Weitergabe irreführender, die Konkurrenz täuschender Informationen. Achten Sie aber darauf, nicht selbst Gerüchten oder Volksweisheiten auf den Leim zu gehen.

XIII-7

Interne Informationsquellen sind Personen, die bei der Konkurrenz oder ihren wichtigsten Kunden angestellt sind oder mit ihr zusammenarbeiten und Zugang zu wichtigen Daten haben. Dabei handelt es sich insbesondere um Manager und technisches Personal, aber auch, vor allem in Firmen mit unkontrolliertem Informationsfluss, um Bürokräfte mit Zugang zu wichtigen Daten.

XIII-8

Doppelagenten sind Agenten der Konkurrenz oder in unserer Firma tätige Maulwürfe, die wir umgedreht haben. Sie sind die wertvollsten Agenten.

XIII-9

Vergessen Sie nicht, dass auch die Konkurrenz Spionageabwehr betreiben kann. Es steht außer Zweifel, dass manche Ihrer Informanten in Wirklichkeit Doppelagenten sind. Wenn Sie einen Doppelagenten ausfindig gemacht haben, benutzen Sie ihn für Ihre Zwecke. Versorgen Sie mit seiner Hilfe die Konkurrenz mit irreführenden Informationen. Man wird ihm eine Zeitlang sicher Glauben schenken.

XIII-10

Maulwürfe sind von uns bezahlte Agenten, die bei Kunden oder Konkurrenten angestellt sind.

XIII-11

Nichts ist für den Erfolg wichtiger als das Einholen und Ausstreuen strategisch wichtiger Informationen. Keine Belohnung sollte größer sein als die, die für die Lieferung entscheidender Informationen gewährt wird. Keine Operation sollte geheimer sein als die, die mit dem Ausspionieren der Konkurrenz zu tun hat.

XIII-12

Nur ein sehr überlegt handelnder und außerordentlich raffinierter Manager wird sich derartige Vorausinformationen zunutze machen können.

XIII-13

Die Wirkung von Werkspionage ist so durchschlagend, umfassend und universell, dass es keine Aktivität gibt, auf die sie nicht angewandt werden könnte.

XIII-14

Sie muss aber unbedingt geheim bleiben. Sollten Pläne für das Einholen oder Ausstreuen vertraulicher Informationen an die Öffentlichkeit gelangen, sind alle Beteiligten zum Untergang verurteilt.

XIII-15

Es kommt nicht darauf an, welche Art von Konkurrenzkampf Sie planen oder wessen Image Sie zerstören wollen; wichtig ist lediglich, dass Sie die Namen der betreffenden Manager kennen, ihrer Assistenten, Berater und sogar ihrer Chauffeure. Diese Art von Information muss Ihnen von Ihren Informanten und Agenten geliefert werden.

XIII-16

Es ist ein entscheidender Vorteil, wenn es einem gelingt, die Agenten der Konkurrenz umzudrehen. Man sollte ihnen daher Belohnungen in Aussicht stellen, sie genau unterweisen und beschützen, damit sie zu Bestandteilen unseres Netzwerks von Doppelagenten werden.

XIII-17

Ein effizientes Netzwerk von Doppelagenten bietet die Möglichkeit, den Wert der aus allgemeinen Quellen und von internen Agenten bezogenen Informationen zu beurteilen.

XIII-18

Nur über Doppelagenten lässt sich herausfinden, ob die irreführenden Informationen tatsächlich an die Konkurrenz weitergegeben worden sind.

XIII-19

Doppelagenten ermöglichen uns die Entwicklung von Strategien für die Anwerbung von Maulwürfen und ihren Schutz vor Entdeckung. Sie helfen uns herauszufinden, ob unser eigenes Netzwerk infiltriert wurde.

XIII-20

Der leitende Manager sollte sich aller Aspekte seiner Spionageaktivitäten bewusst sein. Er muss davon ausgehen, dass Spionage und Spionageabwehr häufig über Erfolg oder Misserfolg von Konkurrenzkämpfen entscheiden. Er muss davon ausgehen, dass die Belohnung für diese Tätigkeit äußerst großzügig bemessen sein sollte.

XIII-21

Denn niemand wird leugnen, dass Aufstieg und Niedergang zahlreicher Manager und Organisationen das direkte Resultat effizienter Spionagetätigkeit war. Ihre Bedeutung ist nicht zu übersehen.

XIII-22

Kluge Manager setzen nur ihre fähigsten Mitarbeiter für Spionagetätigkeiten ein. Ihnen verdanken sie ihren Erfolg. Das Wesen und die Grundlage aller Konkurrenzkämpfe ist die Auskundschaftung des Gegners.

Anhang

Sun Tzus Grundsätze: eine Übersicht

1. Stell dich dem Kampf!
2. Führe andere in den Kampf!
3. Handle umsichtig!
4. Halte dich an die Tatsachen!
5. Sei auf das Schlimmste vorbereitet!
6. Handle rasch und unkompliziert!
7. Brich die Brücken hinter dir ab!
8. Sei innovativ!
9. Sei kooperativ!
10. Lass dir nicht in die Karten sehen!

1. ***Stell Dich dem Kampf!*** Der Wettbewerb gehört zum Leben und ist Bestandteil aller Lebensbereiche. Sun Tzu weist uns darauf hin, dass wir unser Verhalten in Wettbewerbssituationen nicht genug trainieren können. Er warnt uns aber andererseits davor, um sich an Konkurrenzkämpfen um ihrer selbst willen zu beteiligen, und merkt an, dass die Teilnahme an Konkurrenzkämpfen riskant und kostspielig ist, wenn man lediglich versucht, sich zu bereichern oder zu gewinnen, ohne davon auch persönlich zu profitieren.

Einer Konkurrenzsituation sollte man sich dann stellen, wenn man in Gefahr ist oder ein Gewinn in

Aussicht steht. In Konkurrenzsituationen sollte man sich nicht von Gefühlen beherrschen lassen. Gefühle lassen die Vernunft in den Hintergrund treten, schaden der Objektivität und verringern damit letztlich die Erfolgschancen im Konkurrenzkampf. Verliert man die Kontrolle über seine Gefühle, so ist das ebenso gefährlich wie eine schwere Waffe in den Händen der Konkurrenz.

2. ***Führe andere in den Kampf!*** Sun Tzu macht uns darauf aufmerksam, dass Führungskompetenz der Schlüssel zum Erfolg ist. Führungskompetenz, heutzutage ein heiß umstrittenes Thema von Management-Theorien, war schon im alten China als entscheidendes Moment von Konkurrenzkämpfen erkannt worden. Wie definiert Sun Tzu Führungskompetenz? Konfuzius, Sun Tzus Zeitgenosse, befasste sich in seinen Analekten eingehend mit ihr. Eine Analyse der konfuzianischen Lehre zeigt, dass Konfuzius effizientes Führungsverhalten an sieben Charakteristika festmacht: Selbstdisziplin, Zielorientiertheit, Leistungsbereitschaft, Verantwortlichkeit, Wissen, Kooperationsbereitschaft und die Fähigkeit, anderen ein positives Beispiel sein zu können. (Viele bedeutende Persönlichkeiten der antiken und modernen Geschichte, etwa Alexander, Caesar, Jesus, Lincoln, Grant, Lee, Lawrence, Roosevelt, Patton, Marshall und andere, wiesen diese fünf Charakteristika auf.)

- ***Selbstdisziplin*** bedeutet, dass eine Führungspersönlichkeit in ihrem Verhalten Regeln befolgt, die sie als für sich geeignet und für ihre

Kunden akzeptabel erkannt hat. Eine Führungspersönlichkeit bedarf keiner äußeren Motivation, um Höchstleistungen zu vollbringen.

- ***Zielorientiertheit*** bedeutet, dass eine Führungspersönlichkeit alles daransetzt, um Ziele zu erreichen, die für ihre Kunden wichtig sind. Eine echte Führungspersönlichkeit lässt sich bei der Formulierung ihrer Ziele nicht von persönlichen Interessen leiten.
- ***Verantwortlichkeit*** bedeutet, dass eine Führungspersönlichkeit für die Resultate ihrer Entscheidungen oder Handlungen einsteht.
- ***Wissen*** bedeutet, dass eine Führungspersönlichkeit unermüdlich danach strebt, ihre Kenntnisse und Fähigkeiten zu erweitern.
- ***Kooperationsbereitschaft*** bedeutet, dass eine Führungspersönlichkeit gemeinsam mit ihren Kunden an der Verwirklichung der gemeinsam formulierten Ziele arbeitet.
- ***Positives Beispiel*** bedeutet, dass eine Führungspersönlichkeit durch ihr Verhalten anderen ein Vorbild ist.

Darüber hinaus erwähnt Sun Tzu fünf Charaktermängel, die zu Misserfolgen führen können. Sie sind Unüberlegtheit, Ängstlichkeit, Emotionalität, Egoismus und Prestigeversessenheit.

3. ***Handle umsichtig!*** Jeder Konkurrenzvorteil beruht auf effizientem Handeln. Die Planung ist zwar wichtig, der Schlüssel zum Erfolg liegt aber in der optimalen Umsetzung des Geplanten. Ohne Umsetzung bleibt auch der beste Plan ein reines

Gedankenexperiment. Moderne Management-Theoretiker sind der Überzeugung, dass Handlungsbereitschaft eine der wichtigsten Voraussetzungen für den Erfolg ist.

Sun Tzu zufolge gewinnt man dadurch einen Wettbewerbsvorteil, dass man günstige Rahmenbedingungen herstellt und seine Chancen zum richtigen Zeitpunkt wahrnimmt. Mit anderen Worten: Erfolgreiche Menschen tun das Richtige im richtigen Moment.

Sun Tzu erinnert uns aber auch daran, dass unserem Wunsch zu handeln die nötige Geduld gegenüberstehen muss. Er weist darauf hin, dass wir dafür verantwortlich gemacht werden können, wenn wir uns zwar in eine unangreifbare Position gebracht, es aber anderen überlassen haben, die sich bietenden Erfolgschancen wahrzunehmen. Wir müssen daher abwarten können. Zu wissen, wie man gewinnen kann, heißt noch lange nicht, dass man auch gewinnen wird. Werden Sie aktiv, wenn die Situation günstig ist; ist sie es nicht, sollten Sie Ihre Aktivitäten einstellen.

4. ***Halte dich an die Tatsachen!*** Um erfolgreich zu sein müssen Sie mit Informationen umgehen können. Information ist das A und O des Geschäftes. Sun Tzu sagt, dass die Wahrscheinlichkeit des Erfolges vom Vorhandensein oder Nichtvorhandensein von Informationen bestimmt wird. Ihm zufolge ist der Sieg dem sicher, der über genügend zuverlässige Informationen verfügt. Sun Tzu unterscheidet zwei Aspekte des Umgangs mit Informationen. Der eine betrifft das Sammeln, der andere

die Weitergabe von Informationen. Sie sammeln Informationen, um tragfähige Entscheidungen treffen zu können. Sie streuen Informationen aus, um die Konkurrenz in die Irre zu führen. In beiden Fällen müssen Sie mit den Informationen vertraut sein, um keinen Misserfolg zu erleiden.

Die besten Informationen stammen aus erster Hand. Sun Tzu ist ein Verfechter der Verwendung von Agenten und Informanten für die Sammlung und Weitergabe von Informationen aus erster Hand. Derartige Spionagetätigkeiten sind, auch wenn Ihnen dies als unmoralisch erscheinen mag, so wichtig wie notwendig. Jede Organisation und jeder Mensch spionieren auf die eine oder andere Weise. Vorausblickende Organisationen messen der Auskundschaftung ihrer Konkurrenten höchste Bedeutung bei und verstehen die damit anfallenden Kosten als gute Investition.

Sun Tzu warnt uns davor, sich allzu sehr auf die bei ihm so genannten „Volksweisheiten“ zu verlassen. Gemeint ist damit die Gesamtheit jener unüberprüften Annahmen, ungesicherter Vermutungen und verbreiteter Meinungen, die in jeder Gruppe vorhanden sind. Es ist äußerst gefährlich, derartige Volksweisheiten nicht zu hinterfragen. Erfolgreiches Handeln geht immer von zuverlässigen Fakten aus.

Die meisten in Konkurrenzkämpfen getroffenen Entscheidungen enthalten ein Moment der Ungewissheit. Wir können einfach nicht alles wissen. Die Entscheidungen müssen aber getroffen werden. Sun Tzu hält uns dazu an, alles in Betracht zu ziehen und unseren Entscheidungen eine sorgfältige

Einschätzung der Erfolgschancen zugrunde zu legen. Er gibt uns den Rat, die Wahrscheinlichkeit erfolgreichen Handelns zu bedenken, bevor wir handeln. Modernen Managern stehen zahlreiche einfache, aber sehr sinnvolle statistische Techniken zur Verfügung, die ihnen die Möglichkeit bieten, die mit gewissen Informationen verbundene Ungewissheit zu quantifizieren. Deming und andere haben gezeigt, dass die Qualität der Entscheidungen durch diese Techniken wesentlich verbessert werden kann. Auf dem Schlachtfeld der Information ist nur der erfolgreich, der weiß, wie man die Statistik gebrauchen und missbrauchen kann.

5. ***Sei auf das Schlimmste vorbereitet!*** Hier warnt uns Sun Tzu: Gehen Sie nicht davon aus, dass die Konkurrenz nicht offensiv werden wird! Bereiten Sie statt dessen Ihren eigenen Angriff gründlich vor! Wenn Sie es auf etwas abgesehen haben, das Sie nur in Konkurrenz mit anderen bekommen können, wäre es verrückt zu glauben, diese Person oder Organisation ließe Sie ungestört gewähren. Natürlich wird auch die Konkurrenz die Schlacht gewinnen wollen. Und daher bedarf es gründlicher Vorbereitung.

In Zusammenhang mit der Vorbereitung spricht Sun Tzu aber noch eine weitere Warnung aus. Nehmen Sie schwierige Probleme dann nicht in Angriff, wenn Ihnen die entsprechenden Ressourcen fehlen. Selbst mit einer überlegenen Strategie können Sie scheitern, wenn es Ihnen an Ressourcen mangelt. Sun Tzu zufolge ist es aber nicht unbedingt notwendig, mehr Truppen oder mehr Geld als der Gegner zu haben, um ihn schlagen zu können. Konzentrieren Sie sich darauf, den Gegner genau zu beobachten und Ihre Ressourcen an seinen Schwachstellen zum Einsatz zu bringen. Hüten Sie sich aber davor, Ihren Konkurrenten zu unterschätzen! Überlegen Sie sich genau, was er mit seiner Taktik und seinen Aktivitäten im Sinn haben könnte! Und seien Sie auf das Schlimmste vorbereitet!

6. ***Handle rasch und unkompliziert!*** Das Ziel jedes Konkurrenzkampfes ist ein rascher Sieg. Im Wettbewerb ist Schnelligkeit der Schlüssel zum Erfolg. Sie werden Erfolg haben, wenn Sie so unkompliziert wie möglich agieren. Einfache Methoden sind effizient und billig. Wenden Sie sie an! Sollten sie nicht funktionieren, haben Sie immer noch Zeit, etwas anderes zu versuchen. Der Konkurrenz stets einen Schritt voraus zu sein ist mehr wert als alles andere. Wenn Sie ihr einen Schritt voraus sind, zwingen Sie sie zu einer Reaktion.

Damit Ihnen dies gelingt, müssen Sie schnell und innovativ handeln. Handeln Sie unkompliziert und besonnen! Durch besonnenes Handeln können Sie Ihre Erfolgschancen enorm steigern! Dies vor allem dann, wenn Ihre Konkurrenz Komplexität für das Geheimnis des Erfolges hält. Komplexität führt aber meist nur zu steigenden Allgemeinkosten. Strategien, mit denen Sie nur Ihre Zeit verschwenden und Ihre Ressourcen vergeuden, funktionieren nie. Wasser fließt von der Höhe ab und strebt in die Tiefe. Ähnlich dazu vermeiden erfolgreiche Strategen allzu komplizierte Methoden und suchen nach einfachen.

7. ***Brich die Brücken hinter dir ab!*** Wenn sich Menschen einem gemeinsamen Ziel verschrieben haben, können sie jedes Hindernis überwinden. Sun Tzu gibt dem erfolgreichen Manager den Rat, sich und seine Kunden in eine Situation zu bringen, in der Gefahr droht. Wenn Menschen wissen, dass sie scheitern werden, wenn sie nicht zusammenarbeiten, werden sie sich den gemeinsamen Interessen unterordnen und sich bedingungslos für die Verwirklichung ihrer gemeinsamen Ziele einsetzen. Der erfolgreiche Manager lässt seine Kunden die ersten Schritte tun und bricht daraufhin die Brücken hinter ihnen ab.

Erfolgreiches Führungsverhalten hängt vor allem von Motivation und Engagement ab. Sun Tzu stellt fest, dass Menschen vor allem durch die Aussicht auf Gewinn motiviert werden können. Wenn Sie also mit Hindernissen oder Herausforderungen konfrontiert sind, sollten Sie Ihre Kunden und Mitarbeiter auf die zu erwartenden Vorteile hinweisen. Verschweigen Sie ihnen die Risiken, die sie eingehen, da sie dadurch demotiviert werden könnten. Wecken Sie ihr Interesse, indem Sie ihnen klar definierte Ziele vorgeben und großzügige Belohnungen in Aussicht stellen. Behandeln Sie Ihre Mitarbeiter gut. Bilden Sie sie gründlich aus. Der Erfolg einer Organisation beruht auf den Erfolgen ihrer einzelnen Mitglieder.

8. ***Sei innovativ!*** Sun Tzu zufolge gibt es im Krieg nur zwei Arten von Taktiken: orthodoxe und unorthodoxe. Kluge Befehlshaber setzen orthodoxe und unorthodoxe Taktiken je nach den Erfordernissen der Situation ein. Chancen auf den Sieg entstehen aber nur, wenn man unorthodoxe Taktiken verfolgt. Gegen unorthodoxe oder innovative Taktiken, auf die sich der Gegner nicht einstellen kann, gibt es keine Gegenwehr. Innovation ist eine Waffe, die Sie unbesiegbar macht. Wenn Sie innovativ vorgehen, ist Ihnen der Erfolg sicher.

Effiziente Innovation muss nicht unbedingt kompliziert oder schwer durchführbar sein. Erfolgreiche *Total-Quality-Management*-Programme haben gezeigt, wie sinnvoll es sein kann, die eigenen Strategien jeweils nur ein wenig zu verbessern. Diese Überlegung geht auf den Grundgedanken zurück, dem zufolge man unkomplizierte Dinge auf eine unkomplizierte Weise tun soll. Daraus ergibt sich, dass man so häufig als möglich kleine Verbesserungen vornehmen soll. Eine große Zahl kleiner Verbesserungen kann einen großen Unterschied in der Leistungsfähigkeit ausmachen. Manager, die imstande sind, innovative Ideen zu fördern und durchzusetzen, sind in Konkurrenzsituationen unschlagbar.

9. ***Sei kooperativ!*** Organisation, Ausbildung und Kommunikation sind die Schlüssel zum Erfolg. Wenn Sie Ihren Kunden und Mitarbeitern klare Orientierungshilfen geben, werden Sie ihr Verhalten im Konkurrenzkampf kontrollieren können. Auf unzureichend organisierte und oberflächlich

ausgebildete Mitarbeiter kann sich niemand verlassen. Sie werden Sie in einem kritischen Moment im Stich lassen. Sind jedoch die Zielvorgaben klar und ist die Organisationsstruktur auf die zu bewältigenden Aufgaben ausgerichtet, werden sie Ihnen vertrauen und Ihren Anweisungen auch unter schwierigen Umständen Folge leisten.

Die Kooperationsbereitschaft Ihrer Mitarbeiter fördern Sie am besten im Rahmen geeigneter Schulungsmaßnahmen. Die Kosten-Nutzen-Rechnung geeigneter Schulungsmaßnahmen ist außerordentlich positiv, wenn sie mit einer geeigneten Organisation und einem Prämiensystem kombiniert werden, das Ihre Mitarbeiter nicht demotiviert. Obwohl der Nutzen von Management-Training auf der Hand liegt, sind die meisten einschlägigen Seminare und Veranstaltungen dieser Art in den USA reine Zeit- und Geldverschwendung. Warum? Weil sie langweilig sind! Management-Training muss die Interessen der Teilnehmer ansprechen, um sinnvoll zu sein.

Eine gute Ausbildung stellt unter den Teilnehmern ein grundlegendes Einverständnis her. Dieses Einverständnis ist eine wichtige Voraussetzung für jene ungestörte Kommunikation, derer es vor allem in der Hitze des Konkurrenzkampfes bedarf, wenn es darauf ankommt, dass Sie Ihre Kunden unter Kontrolle halten. Außerdem fördert eine sinnvolle Ausbildung die Loyalität Ihrer Kunden und Mitarbeiter. Sun Tzu lehrt uns, dass wir Leute nicht bestrafen können, bevor sie Loyalität uns gegenüber empfinden, d. h., bevor sie sich als Mitglieder unseres Kundenkreises betrachten. Und er fügt hinzu, dass wir sie so lange nicht kontrollieren können, als wir keine Möglichkeit haben, sie zu bestrafen.

Mit geeigneten Schulungsmaßnahmen können Sie Ihre Kunden auf dem Laufenden halten und die Zufriedenheit und Stabilität Ihres Teams fördern. Zufriedene und stabile Mitarbeiter sind instinktsicherer und intelligenter. Sparen Sie ihre Energien für wichtige Dinge auf! Fördern Sie ihre Arbeitsmoral! Gehen Sie mit Ihren Kunden und Mitarbeitern behutsam um, so dass ihnen Energiereserven übrig bleiben und sie ihre Fähigkeiten zur Entfaltung bringen können. Auf diese Weise werden Sie in der Lage sein, unerwartete Chancen wahrzunehmen und sich die Durchschlagskraft der Innovation zunutze zu machen.

10. ***Lass dir nicht in die Karten sehen!*** Die besten Wettbewerbsstrategien sind formlos. Sie sind so subtil, dass sie weder von Ihren Kunden noch von Ihren Konkurrenten durchschaut werden können. Solange Ihre Strategie geheim bleibt, kann sie nicht durchkreuzt werden. Daher werden Ihre Konkurrenten erst dann auf sie reagieren können, wenn sie publik geworden ist. Dies verschafft Ihnen einen wichtigen Vorteil. Oder, wie Sun Tzu sagt: „Was macht es schon aus, wenn der Gegner über größere Ressourcen verfügt? Er wird sie nicht einsetzen können, solange ich Herr der Situation bin." Der Sieg ist dem sicher, der die Situation in der Hand hat und geschickt vorgeht. Selbst in einem harten Konkurrenzkampf können Sie den Kampfgeist Ihres Konkurrenten brechen, wenn Sie die Situation in der Hand haben. Konzentrieren Sie

sich auf Ihre Ziele! Bewahren Sie sich die Souveränität, indem Sie dafür sorgen, dass Ihre Strategien geheim bleiben!

Bringen Sie etwas in Ihren Besitz, das Ihr Konkurrent begehrt oder braucht, um Kontrolle über die Konkurrenzsituation zu gewinnen! Werden Sie sofort und ohne vorherige Ankündigung aktiv, wenn er sich eine Blöße gibt! Der Erfolg von Frontalangriffen beruht meist auf dem Überraschungseffekt. Je weniger Ihr Konkurrent vorhersagen kann, worauf Sie es abgesehen haben, desto stärker sind Sie. Wenn sich Ihr Konkurrent aufgrund beschränkter Ressourcen an mehreren Punkten zugleich verteidigen muss, wird er auf der ganzen Front geschwächt sein.

Stichwortverzeichnis

E

F

G

H

I

K

L

M

O

P

Q

R

S

U

V

W

Z

Notizen

Notizen

Notizen

Notizen